AF502140

L'INDÉPENDANCE

DES GAULES

ET L'ALLEMAGNE

OUVRAGES DU MÊME AUTEUR

AIDE-MÉMOIRE DU PARTISAN FRANC-TIREUR, par Paul de Jouvencel, ancien commandant de corps franc et colonel d'infanterie auxiliaire, librairie Dumaine, 1877.

LE DROIT DES GAULES, Dentu, 1867.

1870. RÉCITS DU TEMPS (révolution du 4 Septembre, Défense nationale), Dentu, 1873.

PIERRE CORBEAU, RÉCITS DU TEMPS (révolution de 1848, Empire), Ollendorf, 1883.

TESTAMENT D'UN RÉPUBLICAIN, Bruxelles, 1853.

GENÈSE SELON LA SCIENCE, 3 volumes, Garnier, 1861.

ÉVREUX, IMPRIMERIE DE CHARLES HÉRISSEY

L'INDÉPENDANCE
DES
GAULES
ET L'ALLEMAGNE

PAR

PAUL DE JOUVENCEL

PARIS
ALPHONSE LEMERRE, ÉDITEUR
27-31, PASSAGE CHOISEUL, 27-31

1890

JE DÉDIE CE PETIT LIVRE

AUX INSTITUTEURS FRANÇAIS

P. J.

AVERTISSEMENT

AUX JEUNES GENS

Vous entrez dans la vie au milieu d'une époque troublée ; il importe que, dès le jeune âge, vous sachiez quels seront vos plus graves devoirs.

Notre nation traverse une époque de difficultés intérieures dont nous n'avons pas à vous parler ici ; vous les connaîtrez par toutes les voix de la tribune et de la presse, et, avant que vous ayez l'âge où vous devrez donner votre avis sur les affaires publiques, plusieurs de ces difficultés auront disparu sans doute ou se seront transformées.

Mais la situation extérieure de la France est le résultat de circonstances historiques très diverses; les unes sont anciennes, les autres sont récentes; toutes ont une importance extrême et vous les devez connaître.

L'INDÉPENDANCE DES GAULES

ET L'ALLEMAGNE

I

LA GAULE

ORIGINES ET CONQUÊTES

[1] La Manche et l'océan Atlantique au nord-ouest et à l'ouest; les Pyrénées et la Méditerranée au sud, les Alpes à l'est, le Rhin au nord-est : telles sont les limites de la Gaule, vaste contrée dont les frontières sont aussi naturelles que distinctes.

Sol fertile arrosé de nombreuses rivières, température variée permettant les cultures les plus diverses, et grande salubrité, tels sont les avantages qui favorisent les habitants et leur procurent, à l'aide du travail, des richesses sans cesse renouvelées.

Longtemps avant l'époque où commencent les traditions historiques, cette contrée presque entièrement couverte de forêts, avait eu sans doute des habitants dont la race n'est pas bien connue.

Plus tard, et à une date qu'il n'est pas possible de préciser, un peuple, peut-être même seulement une tribu nombreuse, qui paraît avoir été originaire de la Haute-Asie, et qu'on désigne sous le nom de *Gaels* ou *Galls*, se mit en marche vers l'ouest.

Ces émigrants purent être poussés par le débordement des races d'hommes à peau jaune venus de l'est, ou par un accroissement excessif de la population dans leur patrie.

Pendant combien d'années ou de siècles poursuivirent-ils leur marche ? On l'ignore.

Les plus anciennes traditions les montrent établis dans l'immense forêt qui couvrait le pays, ainsi que dans les grandes îles d'Angleterre et d'Irlande.

Sur notre sol, on découvre parfois des tombeaux d'une époque très reculée puisque les armes qui s'y trouvent sont faites en pierre : les corps y sont placés les pieds vers l'est.

Il semble donc que le peuple auquel appartiennent ces sépultures, et qui paraît être les Gaels, conservait et marquait ainsi le souvenir de son origine orientale.

[2] Après les Gaels, d'où les Romains ont tiré le nom de la contrée, *Gallia*, Gaule, vinrent les Kymris, peuple de même race, dont le langage différait très peu de l'idiome des Gaels.

Ils habitaient à l'orient du Pont-Euxin (mer Noire); mais, vers l'an 630 avant notre ère, chassés de leur territoire par des hordes tartares, ils se mirent en marche vers l'ouest et vinrent s'établir des deux côtés du Rhin, et dans le Jutland (Scandinavie).

Leur arrivée sur le Rhin fut sans doute suivie d'une lutte violente et longue après laquelle les Kymris, plus ou moins mêlés aux Gaels, occupèrent les régions maritimes et le nord de la Gaule jusqu'à la Seine et même jusqu'à la Loire.

Les Gaels, que les historiens désignent ordinairement sous le nom de Celtes ou Keltes, continuèrent à occuper le centre du pays jusqu'à la Garonne.

[3] A l'époque où les traditions deviennent plus précises, on voit le midi de la Gaule, depuis les Pyrénées jusqu'à la Garonne (ancienne Aquitaine), habité ainsi que le nord de l'Espagne, par un peuple de langue très différente : les Ibères.

Avaient-ils peuplé cette contrée, des Pyrénées à la Garonne, avant que les Gaels s'y fussent établis, s'en étaient-ils emparés par une invasion sur les Gaels alors moins nombreux et moins bien armés, ou par une immigration longtemps continuée et qui avait absorbé la population clairsemée des Gaels et fait disparaître sa langue? on l'ignore.

Mais on sait qu'ensuite les Celtes ou Gaels du centre de la Gaule repoussèrent les Ibères vers les Pyrénées et envahirent l'Espagne qu'ils conquirent en grande partie, puis ils firent alliance avec les Ibères d'Espagne et se mêlèrent à eux par les mariages ; de là vint le peuple nommé *Celtibérien*.

[4] Les maisons des Gallo-Kymris étaient pauvres et nues. « N'estimant que l'or, les armes et les troupeaux », ils réservaient la parure poar eux-mêmes; ils aimaient les bijoux d'or et d'argent, les couleurs éclatantes, ils teignaient en rouge leurs cheveux et leurs barbes : l'étendard des Kymris était rouge.

Ils aimaient les longs festins qui se terminaient souvent par des rixes sanglantes.

Très hospitaliers envers les étrangers, et très curieux de leurs récits, ils étaient animés d'un continuel besoin de mouvement et d'aventures.

Méprisant profondément la mort, ils étaient portés au suicide; et le duel, inconnu des Romains et des Grecs, était chez eux une coutume. Ces combats singuliers naissaient pour peu de chose, mais surtout pour l'honneur, sentiment que tout chez eux tendait à exalter.

Ils croyaient à la perpétuité de l'âme humaine et de la vie; leur conviction était si forte qu'ils empruntaient et prêtaient de l'argent à rendre dans l'autre monde.

Ils portaient un dévouement passionné à leurs chefs. Leurs prêtres, les druides, confiaient tout à la mémoire, mais au temps de César, la Gaule connaissait l'écriture; son alphabet se rapprochait de l'ancien alphabet grec.

Ils avaient des prêtresses, les druidesses, aussi puissantes que les prêtres.

Les Bardes, poètes et musiciens, formaient une corporation vénérée. Ils étaient, ainsi que les prêtres, dispensés de porter les armes.

Comme toute l'antiquité, les Gaulois pratiquaient les sacrifices humains. Un grand nombre de leurs tribus livraient au feu quiconque était convaincu d'aspirer à la royauté.

Pasteurs et chasseurs, ils furent sans doute longtemps armés de haches de pierre et de javelots à pointe de silex.

La chevalerie et l'institution des suivants d'armes ou écuyers, compagnons des chevaliers à la guerre, fut établie très anciennement en Gaule. Les chevaliers gaulois se rasaient les joues et le menton; ils portaient seulement de longues moustaches tombantes.

[5] Environ 1300 ans avant notre ère, les Phéniciens abordèrent par la Méditerranée en Espagne et en Gaule. Ils établirent des ports et une

route qui, partant des Pyrénées orientales, conduisait en Italie par le col de Tende. Ils exploitaient des mines d'or et d'argent dans les Cévennes, les Pyrénées et les Alpes. Ils allaient probablement jusqu'en Angleterre chercher l'étain et le cuivre. Leur puissance fut très grande, dans notre Occident, du XIe au VIIe siècle avant notre ère.

C'est probablement des Phéniciens que les Gaulois reçurent d'abord les armes de bronze et ensuite l'industrie du fer. On est porté à le penser, parce que les grandes émigrations gauloises, qui nécessitaient de meilleures armes que la pierre, ne commencèrent qu'après l'arrivée des Phéniciens en Gaule.

Sur ces époques reculées on ne possède guère d'autres renseignements que les armes et les ornements trouvés dans les tombeaux, puis quelques instruments et ustensiles primitifs ; de sorte qu'on est souvent réduit aux conjectures.

600 ans avant notre ère, un vaisseau grec aborda aux bouches du Rhône. Le chef du pays donna sa fille en mariage au chef des Grecs, avec des terres sur lesquelles cet étranger fonda une ville qu'il appela Massalia (Marseille).

Dans le IVe siècle avant notre ère, les Belges, confédération de Kymris qui occupait la rive droite du Rhin, passèrent le fleuve et vinrent s'ajouter aux Gaels et aux Kymris possesseurs du nord de la Gaule.

[5] Les peuplades gauloises élisaient généralement chaque année un chef civil et un chef militaire.

Ces peuplades formaient de grandes confédérations. Les principales étaient celle des Gaels ou Keltes, celle des Armoricains (Gallo-Kymris de la Bretagne) et celle des Kymris, au nord de la Gaule, sous le nom de Belges.

Ils avaient partout des conseils composés des notables de chaque canton. En cas de guerre, les confédérations élisaient un chef suprême qu'ils appelaient Brenn.

L'histoire des guerres gauloises est héroïque et longue. Dès la plus haute antiquité, ces peuples avaient passé les Alpes et s'étaient établis dans le nord de l'Italie.

Ils se désignaient eux-mêmes sous ce titre : Ambra, c'est-à-dire les Vaillants.

C'était leur cri de guerre : Ambra !

Les Latins en ont fait *Umbri* et *Umbria*, que nos historiens ont traduit par Ombres et Ombrie.

[7] Peu après la seconde immigration des Kymris, la population des Gaules devenue trop nombreuse déborda de nouveau ; trois cent mille combattants se mirent en marche avec femmes et enfants.

L'une des hordes, conduite par un brenn nommé Sigovèse, franchit le Rhin et alla s'établir entre le Danube et les Alpes illyriennes.

L'autre, conduite par Bellovèse, passa en Italie, abattit la puissance des peuples étrusques, détruisit leurs villes, et en éleva d'autres : Milan, Côme, Brescia, Bergame, Vérone, Padoue, Bologne.

Deux siècles plus tard, cette population gauloise qui s'était beaucoup accrue fit la guerre aux Romains dont la puissance s'élevait sur les bords du Tibre.

Les deux armées, fortes d'environ quarante mille hommes chacune, se rencontrèrent sur un affluent du Tibre : l'Allia.

Les Romains furent vaincus, et deux jours après la bataille les Gaulois campaient sur les ruines de Rome.

Ils échouèrent dans un assaut contre la citadelle du Capitole et ils la bloquèrent vainement pendant six mois. Alors le brenn essaya d'une surprise. Pendant une nuit, ses guerriers d'élite escaladèrent les rochers d'un côté jugé inaccessible, et peu gardé. Ils atteignaient le rempart, lorsque des oies consacrées à Junon poussèrent leurs cris d'alarme ; et la garnison romaine étant accourue, les assaillants furent rejetés du haut des rochers.

Le 24 février 390 avant notre ère, lassés de

cette inutile attente, ils conclurent une paix très dure pour les Romains; et l'on dit qu'au moment où l'on pesait l'or qu'ils avaient exigé, les Romains s'étant plaints de ce que les Gaulois employaient de faux poids, le brenn jeta son sabre dans la balance et s'écria : « Malheur aux vaincus ! »

Comme clause du traité, les Gaulois avaient exigé qu'une porte de la ville demeurât éternellement ouverte.

Les Romains respectèrent bien la lettre du traité en tenant une porte éternellement ouverte, mais ils pratiquèrent cette porte au sommet d'un rocher inaccessible.

[8] Dans le IVe siècle avant notre ère, on retrouve les Gaulois faisant la guerre aux successeurs d'Alexandre et détruisant la fameuse phalange macédonienne.

Au cours de ses rapides conquêtes, Alexandre avait vu arriver une députation de Gaulois. Et comme il leur demandait ce qu'ils craignaient le plus au monde, ils répondirent : « Nous ne craignons que la chute du ciel. »

Pendant leurs guerres avec les successeurs d'Alexandre, à la suite d'une terreur panique, les Gaulois semblaient perdus; leur brenn et une troupe dévouée à sa personne sauvèrent l'armée en combattant à l'arrière-garde. Mais le brenn ayant reçu une blessure et jugeant nécessaire de sacrifier les blessés pour sauver le reste, il se fit apporter du vin, but largement et se poignarda.

Tous les blessés furent mis à mort, et l'armée, malgré les fatigues, l'hiver et la faim, put faire une retraite rapide vers la Macédoine en combattant les populations soulevées.

Plus tard, ils firent une autre expédition en Asie Mineure. Ils amenaient vingt mille cavaliers, une nombreuse infanterie et deux cent quarante chariots armés de faux qu'ils manœuvraient avec une adresse extrême. Cette arme leur avait souvent procuré la victoire, mais elle causa ici leur défaite. Les chevaux gaulois épouvantés à la vue des éléphants de guerre que leur opposa l'ennemi, se cabrèrent et s'emportèrent avec les chars dans les rangs de l'infanterie. La déroute s'ensuivit (277 avant notre ère).

[9] Vers cette époque, l'étendue de la domination gallo-kymrique en Europe et en Asie était immense.

En Gaule, ils avaient construit une route conduisant de la Méditerranée en Auvergne et à la Haute Loire.

Leur marine en Armorique était puissante et commerçait avec la Grande-Bretagne. Ils exploitaient des mines d'or et d'argent, ils fondaient le fer dans le Périgord et le Berry.

Ceux du Berry fabriquaient toute espèce d'objets en fer. Ils savaient étamer le cuivre. Les habitants d'Alésia savaient argenter le fer.

La marque des monnaies, dans toute la Gaule, était un sanglier.

Les progrès des arts, tissage, brochage, teinture, etc., avaient augmenté beaucoup la richesse et le faste.

« La force de la pauvreté et de la communauté
« qui se maintient chez d'autres peuples bar-
« bares a échappé à la Gaule.

« Aux fraternités fondées sur la vaillance,
« succèdent les clientèles héréditaires de la
« richesse. » (Henri Martin.)

[10] Une confiance excessive en eux-mêmes et une insouciance traditionnelle leur faisaient négliger tout progrès dans l'armement. Ils avaient de grands sabres en fer mince, sans pointe, avec lesquels on ne pouvait frapper que de taille et dont la trempe était mauvaise ou nulle. Presque à chaque coup ces sabres se faussaient, ils devaient les passer sous leurs pieds pour les redresser.

Leurs boucliers étroits ne pouvaient résister à l'épée courte, forte et pointue des Romains.

D'ailleurs, ceux-ci avaient adopté un lourd

javelot (le *pilum*) qu'ils employaient tantôt comme une lance, tantôt comme une arme de jet ; arme redoutable à laquelle les Gaulois persistaient à n opposer que le *gais*, sorte d'épieu beaucoup moins lourd et moins puissant.

295 ans avant notre ère, ils sont vaincus par les Romains dans une grande bataille au pied de l'Apennin.

Huit ans après, ils triomphent encore des Romains, treize mille légionnaires restent sur le champ de bataille devant Aretium (Arezzo) ; mais l'année suivante les Gaulois sont de nouveau vaincus.

A la suite d'Annibal, et sous son commandement, ils prirent une grande part aux victoires de Trasimène et de Cannes (217 avant notre ère).

Cependant le général carthaginois ayant repassé la mer, ils restèrent seuls en présence de Rome triomphante.

Enfin ces guerres continuelles et acharnées se terminèrent par la victoire de Rome sur les Gaulois d'Italie.

Douze siècles après la première invasion gauloise, et quatre siècles après l'arrivée de Bellovèse, ces peuples furent accablés et leur territoire fut réduit en province romaine sous le nom de Gaule cisalpine.

Bientôt la domination des Gaulois en Asie

Mineure succombait de même sous l'effort des Romains.

[11] Trente-six ans après leur victoire finale sur les Gaulois d'Italie, les Romains furent appelés dans la grande Gaule par les habitants de Marseille.

Cette cité, devenue riche et prospère, avait fondé de nombreux comptoirs et des villes sur la côte de la Méditerranée; elle portait ombrage aux peuples voisins qui attaquèrent deux de ses colonies : Antibes et Nice.

Les Romains la secoururent en effet plusieurs fois, mais ils se payèrent de leurs services en s'établissant dans l'intérieur du pays où ils fondèrent la ville d'Aix. Et bientôt, pendant une guerre entre les montagnards Allobroges (habitants des Alpes) et la confédération des Edues (Autun), ceux-ci conclurent alliance fraternelle avec les Romains.

Les Allobroges furent vaincus ainsi que les Arvernes (Auvergne) leurs alliés, et, 120 ans avant notre ère, le territoire des Allobroges (Savoie et Dauphiné) avec les contrées voisines, à l'exception de ce qui appartenait à Marseille, fut réduit en province Romaine.

II

GAULE ROMAINE

[12] Vers l'an 113 avant notre ère, chassés de leurs rivages par un tremblement de terre et une inondation, les Cimbres (Kymris) de la Baltique s'ébranlèrent et marchèrent vers le sud. Quelques nations teutoniques se joignirent à eux : en tout, plus d'un million d'humains avec trois cent mille combattants qui parurent d'abord sur le Danube.

Vainqueurs des Romains en Styrie, ils revinrent, après trois ans de ravages, vers l'ouest, en Helvétie.

Les Suisses, notamment les Ambrons du canton de Berne, descendants des Gallo-Kymris autrefois maîtres du nord de l'Italie [7], se joignirent aux envahisseurs avec soixante mille combattants. Le torrent s'avança vers la Belgique, les guerriers de cette contrée gardaient la frontière ; les Kymris les reconnurent pour frères, firent un accord avec eux et se jetèrent sur les pays gaéliques. Ils ne purent prendre les villes, mais les campagnes furent ravagées.

Au bord du Rhône, l'invasion rencontra les Romains qui furent vaincus.

L'année suivante (108 av. notre ère), ils triomphaient encore des Romains et ils les faisaient passer sous le joug, c'est-à-dire sous un joug à bœuf porté sur deux poteaux. C'était pour ces peuples et ces temps le signe d'une suprême humiliation.

Deux ans après, ils attaquèrent les camps de deux armées romaines.

La destruction fut complète, immense. En comprenant les auxiliaires et les valets d'armée, 120,000 hommes, dit-on, y périrent du côté des Romains. Les vainqueurs avaient voué l'armée ennemie entière au dieu des combats, les chevaux même furent exterminés ; ils épargnèrent seulement dix hommes pour porter à Rome la nouvelle de ce désastre.

S'ils avaient aussitôt marché sur l'Italie, c'en était fait peut-être de Rome et de sa puissance.

[13] Marius, vainqueur de Jugurtha et des Numides, fut rappelé d'Afrique pour combattre les Cimbres, qui avaient perdu deux années dans une incursion en Espagne, pendant que

les Teutons continuaient à ravager le pays Gaulois.

Revenues à leur projet d'envahir l'Italie, les deux hordes se dirigèrent l'une (les Kymris) par l'Helvétie, l'autre, composée de Teutons et d'Ambrons, par les Alpes-Maritimes.

Trois ans s'étaient écoulés depuis la terrible défaite des deux armées romaines. Marius, longuement préparé, les attendit dans ses retranchements non loin du Rhône. Ils s'approchaient narguant les Romains, et ils criaient : nous partons pour aller voir vos femmes.

Marius les voyant défiler vers l'Italie, les suivit et s'arrêta sur une haute colline, près d'Aix.

Les Ambrons s'élancèrent à l'attaque en poussant leur cri de guerre : Ambra !...

Et ils entendirent le même cri du côté des Romains. C'étaient des Gaulois cisalpins d'origine Kymrique, servant dans les légions romaines, qui leur répondaient par le cri national.

Les Romains furent vainqueurs.

Le surlendemain ils défirent les Teutons ; et les historiens disent que 100.000 guerriers barbares périrent ou furent prisonniers des Romains avec leur chef, un géant nommé Teutobokh.

Cependant les Cimbres, descendus en Italie par la Suisse, attendaient les Teutons.

Voyant arriver Marius, ils lui envoyèrent des propositions de paix.

« — Donne-nous des terres, lui dirent-ils, pour nous et nos frères les Teutons.

« — Laissez-là vos frères, dit le Romain, nous « leur avons donné une demeure pour l'éter- « nité.

« — Tu railles, mais malheur à toi quand les Teutons seront en Italie.

« — Ils y sont, embrassez-les, répliqua Marius, « et il fit venir Teutobokh et les siens chargés de « chaînes. » (H. Martin.)

La bataille se donna près de Verceil (Piémont): les Cimbres furent vaincus, les femmes égorgèrent leurs enfants et s'entre-tuèrent.

Et comme les Tectosages (Toulouse) avaient pris parti pour les Cimbres, leur territoire fut réuni à la province romaine.

[14] Or, la confédération des Edues traitait durement ceux sur lesquels l'alliance de Rome lui avait assuré la suprématie.

Parmi eux les Séquanes, habitant près du Jura et des Vosges, appelèrent à leur secours un nouveau peuple qui paraissait sur la scène des combats. C'étaient les Germains, habitant non loin de la rive droite du Rhin en Souabe: 15,000 d'entre eux arrivèrent sous la conduite d'Ariowist, chef fameux dans son pays.

Les Edues furent vaincus, mais de nombreux Germains accoururent grossir l'armée d'Ariowist,

« L'abondance de la Gaule, dit César, séduisait les barbares. »

Bientôt Ariowist se crut assez fort pour ordonner aux Séquanes de lui livrer un tiers de leur pays.

Les Séquanes se réconcilièrent avec les Edues, ils prirent ensemble les armes : mais Ariowist lassant leur impétuosité se retira pendant plusieurs mois derrière des marécages ; et lorsqu'il les vit se disperser pour aller cultiver leurs champs, il tomba sur eux et en fit grand carnage.

Les Séquanes vaincus livrèrent leurs meilleures terres, les Edues se soumirent et donnèrent des otages.

Cependant l'immigration des Germains continua. L'an 58 avant notre ère, ils étaient réunis au nombre de 120,000 sous les ordres du chef souabe.

[15] L'an 59 avant notre ère, Jules César nommé consul de Rome, se fit donner pour cinq ans le proconsulat des deux Gaules : la cisalpine, c'est-à-dire la province gauloise située en Italie ; et la transalpine, c'est-à-dire la grande Gaule, située au delà des Alpes par rapport à l'Italie.

Il commença par vaincre près de Bibracte (Autun) les Helvètes qui, au nombre de 368,000 individus, dont 92,000 combattants, se proposaient de quitter leur pays pour s'établir en Gaule. Diminués de plus de moitié, il les força de retourner dans leurs montagnes qu'il ne voulait pas abandonner aux Germains.

Puis il détruisit l'armée d'Ariowist. Ce chef, ayant perdu son armée, ses deux femmes et ses filles, alla mourir en Germanie.

Les Gaulois délivrés ainsi des Germains, furent d'abord enthousiastes de César; mais lorsqu'ils eurent expérimenté l'avidité romaine, ils cherchèrent à soulever les Belges jusqu'alors étrangers à toutes ces guerres et qui avaient conservé leur sauvage fierté primitive.

Cependant, aidé par l'alliance des Trévires (Trèves), cavaliers admirables, et par celle des Rhêmes (Reims), César abattit cette grande insurrection.

Bientôt les peuples de l'Amiénois, du Vermandois et de l'Artois lui livrèrent bataille.

On vit alors une nation belge, les Nerviens, périr presque entière en combattant sans reculer d'un pas. Cinq cents d'entre eux échappèrent seuls sur soixante mille, et trois sénateurs sur six cents.

La Gaule entière parut soumise dès la seconde année du proconsulat de César, mais ce n'était qu'une apparence.

L'Armorique s'étant soulevée, une suite de

désastres sur terre et sur mer ruinèrent encore cette insurrection du patriotisme gaulois.

César chassa une immigration des Germains qui avaient passé le Rhin. Il le franchit lui-même avec ses troupes sur un pont construit en dix jours. Il se proposait surtout d'intimider les Suèves ou Souabes qui menaçaient de nouveau le Rhin.

Ensuite il opéra une descente en Angleterre, où les Saxons s'étaient depuis longtemps établis après avoir refoulé ou détruit les anciens habitants gaels.

Cette première expédition, faite avec trop peu de forces, n'ayant pas eu de succès glorieux, il la recommença avec cinq légions, et quitta l'Angleterre, après avoir imposé un tribut et exigé des otages.

[16] Les cruautés impitoyables de César et sa politique qui consistait à abattre partout l'indépendance des cités, excitèrent des haines violentes et des soulèvements nouveaux. Ambiorix, chef des Eburons (Liégeois), devint l'instrument principal d'un grand effort. Il attira deux lieutenants de César avec leurs troupes dans un piège où ils furent massacrés. Les Carnutes (Chartres) mirent à mort un roi imposé par le général romain.

César assembla de grandes forces. Les Eburons

furent anéantis, Ambiorix échappa : mais le Romain fit mettre à mort un autre grand chef gaulois : Acco.

Pendant un voyage de César en Italie, il y eut un nouveau soulèvement dont Genabe (Orléans) fut le centre. Les négociants italiens qui suivaient l'armée, les fournisseurs militaires et tous les Romains furent massacrés.

[17] Alors commença la carrière de l'Arverne Vercingétorix.

Depuis plusieurs années, partout il cherchait des ennemis aux Romains. Au bruit du soulèvement d'Orléans, il appelle les hommes de l'Auvergne aux armes. L'aristocratie à laquelle il appartenait par sa naissance le repousse, les pauvres gens le suivent.

Proclamé chef suprême, Vercingétorix organise la guerre avec les nombreux combattants que lui fournit tout le centre de la Gaule.

Accouru d'Italie au milieu de l'hiver et à travers les neiges, César conduisit ses légions en Auvergne.

La lutte fut opiniâtre et longue entre le plus illustre des généraux romains et le plus grand patriote de la Gaule antique.

Il n'est pas possible d'essayer ici l'histoire des lugubres événements de cette guerre où l'héroïsme gaulois et la discipline romaine furent longtemps aux prises.

Après avoir subi cependant une défaite signalée, et après un siège prolongé devant Alesia, César triompha.

Il ordonna qu'on lui livrât et les chefs et les armes.

Vercingétorix revêtu d'une armure brillante, monté sur un superbe cheval, vint se rendre au vainqueur.

César le fit charger de chaînes et, six ans plus tard, le héros gaulois après avoir orné le triomphe du Romain fut livré au bourreau.

Après quelques convulsions dernières tout fut fini : la Gaule avait cessé d'être indépendante.

[18] Sous les empereurs successeurs de César, la Gaule fut très favorisée ; plusieurs d'entre eux y firent de longs séjours ; Rome y apporta ses écoles, ses arts, sa discipline et son administration. Mais, afin de briser pour toujours les vieilles confédérations gauloises, une partie des territoires du centre et de l'Ouest furent joints à l'ancienne Aquitaine [5]; la ville de Lyon, nouvellement bâtie, devint le chef lieu d'une vaste province qui s'étendait jusqu'en Bretagne ; le reste du pays était partagé entre la Belgique et la Narbonnaise.

L'aristocratie gauloise conserva tous ses honneurs et ses privilèges, les campagnes encouragées à l'agriculture furent peu à peu désarmées. Il y eut un moment où le calme était si grand que Rome abandonnant la garde des villes à leurs propres milices n'avait pas, dit-on, douze cents soldats dans l'intérieur de ce vaste pays. Pendant les cinq siècles de la domination romaine, la Gaule fut transformée. Les Gaulois se mélangèrent entre eux et avec les Romains, de telle manière qu'au ve siècle ils formaient une nation très éclairée, presque toute parlant ou entendant la langue latine, possédant de belles routes qui traversaient le territoire dans différentes directions, et un grand nombre de villes décorées par tous les arts de l'antiquité.

[19] Sur Rome et sa puissance une remarque est ici nécessaire.

Ce n'est point seulement par ses fortes armes et sa discipline qu'elle a dominé tant de nations ; c'est encore par une autre supériorité.

Dans les beaux temps de la République, le consul vainqueur faisait élever un tribunal au milieu du peuple vaincu ; il y montait entouré des licteurs portant les faisceaux et les haches, symbole de son pouvoir de juge.

Et les hérauts criaient : « Que ceux auxquels « on a fait injustice s'adressent au peuple « romain !... »

Ce n'était point alors un appel trompeur. Les opprimés se présentaient, et le général vainqueur leur faisait justice.

Dès ses premiers temps, la République romaine envoyait quérir en Grèce les éléments de la loi des Douze Tables qu'elle inscrivait sur l'airain.

Dans tout le cours de son existence, même sous l'empire, Rome étudia et développa l'idée du droit. Et ce n'était pas pour elle seule, car, si d'une part elle formulait pour les Romains le *droit quiritaire*, amendé plus tard par les édits du prêteur, etc., d'un autre côté, elle établissait le *droit des gens* pour le monde.

La puissance romaine a disparu pour toujours. Ses monuments sont en poussière; mais les formules du droit romain sont vivantes encore dans la plupart des législations de l'Europe.

III

INVASIONS DES BARBARES

[20] L'invasion générale des Barbares dans l'empire romain ne fut pas un phénomène subit comme une marée immense, une inondation débordant tout à coup.

Depuis que ses possessions étaient devenues si vastes, Rome avait dû souvent combattre les incursions des peuples à demi sauvages qui avoisinaient ses frontières ; elle y faisait des prisonniers de guerre qu'on vendait sur les marchés au profit des soldats ou du fisc.

Réduits en esclavage, ces prisonniers apprenaient à connaître le beau climat de l'Europe méridionale et ses productions excellentes ; ils enviaient les richesses colossales, fruit de tant de conquêtes.

Quelques-uns, sans doute, parvenaient à s'enfuir et regagnaient leur pays ; d'autres, affranchis par leurs maîtres, retournaient voir leurs sauvages parents. D'autres, devenus soldats ou matelots au service de Rome, étaient à leur tour capturés par les Barbares dans de nouvelles guerres.

Tous alors faisaient des récits émouvants de leurs souffrances, de la férocité des maîtres d'esclaves, et de l'immensité des proies que les pauvres guerriers barbares pourraient se partager dans Rome. Ne savait-on pas dans tout l'univers que Rome avait été prise autrefois par les Gaulois.

D'ailleurs, la barbarie étant partout très féconde, ces peuples se trouvaient, comme autrefois les Gaulois, dans la nécessité d'essaimer le trop-plein de leur population, et ils tentaient incessamment d'entreprendre sur l'empire.

Pendant plusieurs siècles l'action de ces causes devint croissante.

[21] Dès le temps de César, et même bien auparavant, les Barbares qui habitaient la rive droite du Rhin traversaient le fleuve et venaient piller les terres gauloises, après quoi ils s'enfuyaient. Déjà sur plusieurs points, n'ayant rencontré qu'une résistance trop faible, ils avaient dû former des bourgades qui leur servaient de postes avancés et d'intelligence sur la rive gauche du Rhin.

Pour mettre ordre à ce brigandage, les Romains bâtirent des villes fortifiées sur toute l'étendue de cette rive. Les principales étaient *Argentaria*

(Colmar), *Argentoratum* (Strasbourg), *Maguntiacum* (Mayence), *Confluentia* (Coblentz), *Colonia Agrippina* (Cologne).

[22] Soit par imitation de ce qu'ils voyaient chez les Gaulois, soit parce que c'est une organisation naturelle et en quelque sorte spontanée chez les peuples libres, les tribus tudesques se formaient en confédérations distinctes. L'une, sur le haut Rhin, portait le titre d'Allmans (tous hommes, hommes par excellence), une autre sur le bas Rhin portait le titre de Franks, dont le sens primitif est incertain; peut-être venait-il du latin *Ferox*, indomptable, comme le mot herr, maître, vient de *Herus*, et comme le mot Kaiser, empereur, vient de César. Une troisième confédération, dans la Souabe et les contrées voisines, portait le titre de Germains (maîtres hommes). Quant aux Saxons, ils tiraient leur nom du *sax*, long couteau qu'ils portaient tous.

On a pris souvent ces divers titres pour des noms de nations. Cette manière de voir est inexacte. Il n'y avait point là des nations proprement dites, mais des confédérations de tribus diverses; dans leur orgueil barbare, elles se décoraient de ces titres qui leur paraissaient superbes.

A cette époque il n'y avait pas une seule ville dans toute l'étendue de pays que nous nommons aujourd'hui l'Allemagne.

Ces peuplades aimaient l'isolement; lorsqu'elles réussissaient à s'établir passagèrement en Gaule, elles détruisaient tout, autour d'elles, quelquefois jusqu'à quinze lieues de distance. C'était une zone de sûreté dont elles s'entouraient et où elles ne souffraient personne. C'était en même temps, sans doute, un espace libre pour leurs troupeaux et pour la chasse.

[23] Les guerres de César avaient dépeuplé des cantons entiers dans le pays belge; afin de le repeupler, ses successeurs autorisèrent des tribus tudesques à s'y établir, ainsi que dans l'île batave (Hollande).

A la suite d'une guerre contre les Sicambres et les Suèves, Tibère en transporta quarante mille en deçà du Rhin.

La lisière gauche du fleuve avait été détachée de la Belgique, on en avait formé deux provinces que les Romains appelaient Germanie supérieure et Germanie inférieure, lesquelles correspondaient au territoire de huit légions fixées dans le pays.

Les Romains avaient plusieurs motifs pour amener des barbares dans ces pays dévastés; d'abord afin de repeupler, de faire cultiver et de lever des impôts; ensuite, afin d'y choisir des recrues pour leurs légions du Rhin et de faire ainsi défendre le pays contre la barbarie par les barbares eux-mêmes.

Vers l'an 70, de notre ère, il y eut des incursions violentes des peuples tudesques dans la Gaule; elles furent repoussées.

L'an 164, ces peuples tentaient d'envahir l'empire par l'Illyrie et la Pannonie. On dut armer les gladiateurs et jusqu'aux esclaves de bonne volonté; ce qui montre quelle était la diminution des hommes libres dans l'empire.

Après qu'on eut vaincu les Teutons, ils furent admis à former des colonies dans la Dacie, la Pannonie, etc., c'est-à-dire dans les contrées situées au nord et au sud du Danube, qui sont aujourd'hui connues sous les noms de Moldavie, Valachie, Esclavonie, etc.

En 212-215, les Goths, qui formaient un rameau de la race teutonique, parurent sur le Danube. Les légions du Rhin ayant été appelées à les combattre, aussitôt les Germains envahirent le pays gaulois d'où ils furent encore chassés.

En 241, le général romain, Aurélien, défit les Francs qui parcouraient les Gaules et en vendit un grand nombre comme esclaves.

Ainsi, les incursions de ces peuples devenaient plus fréquentes, ils s'avançaient plus loin, leurs séjours étaient plus prolongés.

24] Au milieu de cette époque horriblement

troublée, il y eut, de l'an 260 à l'an 273, des empereurs des Gaules proclamés par les légions et distincts des empereurs de Rome. Une victoire d'Aurélien, devenu maître de tout l'empire, mit fin à cette séparation.

[25] La rapacité du fisc était extrême. Les prodigalités impériales, l'entretien des légions et d'une armée de fonctionnaires, les constructions monumentales exigeaient des sommes immenses: on les demandait aux peuples par tous les moyens. La propriété, la liberté, la possession des esclaves, le mariage, la naissance et la mort, l'industrie, le commerce, les récoltes et le bétail, la navigation en rivière et sur mer, le passage sur les routes et les ponts, tout était matière à impôts. C'est pourquoi, en Italie où cette fiscalité était déjà ancienne, on ne se mariait plus ; la famille coûtait trop cher.

Vers 265, ce fléau de la fiscalité joint aux désolations causées par les irruptions des barbares, déterminèrent dans la Gaule un soulèvement des pauvres, connu sous le nom de Bagaudie (d'un mot celtique signifiant *insurrection*).

Réunis bientôt au nombre de cent mille, les Bagaudes abandonnèrent leurs cabanes, mangèrent leurs bestiaux, enfourchèrent leurs chevaux et coururent le pays, brûlant les maisons de campagne et se jetant sur les villes.

Ils se donnèrent un empereur nommé Amandus, qui fit même frapper des médailles.

Beaucoup de villes ouvrirent leurs portes. Autun ayant résisté, ils l'emportèrent d'assaut et la dévastèrent.

Ils furent attaqués et dispersés par Maximien, lieutenant de l'empereur Dioclétien. Le reste se retira dans la boucle de la Marne, à Saint-Maur, près Paris : ils y furent forcés par les légions et moururent avec leurs chefs en combattant. C'est pourquoi cette presqu'île a été longtemps appelée le camp des Bagaudes.

[26] En 292, l'empereur Constance Chlore, vainqueur des Franks, en Batavie, transporta un grand nombre d'entre eux aux environs d'Amiens, de Beauvais, de Troyes et de Langres.

Quarante ans après, il y eut une invasion nouvelle des Franks dans les provinces du Rhin. Ils y demeurèrent quatre ans sans y être attaqués : puis, après une lutte, Rome permit à l'une de leurs tribus de demeurer en Batavie : c'étaient les Franks saliens dont le rôle historique devait être si grand.

D'autres tribus frankes furent admises à s'établir sur la rive gauche du Rhin, entre Cologne et Trèves. Ceux-ci furent ensuite connus sous le nom de Franks ripuaires (du latin *ripa*, rive).

Il y eut dès lors un grand nombre de Franks au service de l'empire et même attachés à la cour impériale. L'un d'eux, Magnentius, conspira la ruine et la mort de l'empereur Constant et lui succéda sur le trône de Rome.

Constance, frère de Constant, appela les Allmans au secours en Gaule. Magnentius, vaincu, se poignarda.

[27] Vers 353, les Franks et les Allmans avaient pris, saccagé, brûlé toutes les villes du Rhin. L'empereur Constance envoya contre eux l'un de ses parents, Julien, qui devait plus tard lui succéder. Ce général dispersa les envahisseurs allmans qui étaient bien inférieurs aux Franks et beaucoup plus barbares. Il vainquit ensuite ces derniers, et, passant le Rhin, il fit un grand nombre de captifs qu'il força de rebâtir les villes et les forteresses. Six cents Franks qui s'étaient signalés par une héroïque défense, furent envoyés en Italie et incorporés dans la garde de l'empereur.

A la fin du IVe siècle, les Franks étaient établis en grand nombre sur la rive gauloise. Leur immigration durait depuis deux siècles sans que les villes et la souveraineté cessassent d'appartenir aux Gallo-Romains.

Pour le courage et la résolution, les Franks étaient très supérieurs aux autres barbares ; leurs longues luttes et leurs relations avec les Romains avaient développé leur intelligence.

En 377, à la suite d'une victoire contre les Allmans, à laquelle il avait beaucoup contribué, un chef frank, nommé Méroband, fut nommé consul de Rome.

[28] Longtemps les frontières, bien défendues, arrêtèrent le flot montant des envahisseurs. Ce flot fut arrêté aussi longtemps que Rome conserva une supériorité d'organisation et un reste d'énergie.

Mais il vint un moment où le pouvoir despotique impérial produisit ses effets inévitables.

Des empereurs en étaient venus à donner l'exemple de toutes les cruautés, de tous les vices.

Des impératrices en étaient venues à donner l'exemple de toutes les infamies.

Alors, la puissance romaine n'étant plus aucunement dans le peuple romain, mais tout entière dans les mains de ces empereurs abominables, tout s'écroula.

Car il est impossible d'unir la vigilance sévère et l'application au travail qu'exige le commandement d'un peuple en péril, avec les débordements du vice et le luxe insensé des derniers temps de l'empire.

De nombreuses pages seraient nécessaires au récit des combats, des destructions, des crimes et des souffrances qui remplirent presque tout le IVe siècle.

Au commencement du Ve, il semble qu'une grande migration des peuples nomades de l'Asie centrale vint pousser au mouvement par l'invasion des territoires de l'Europe orientale et détermina, de proche en proche, la mise en marche des Barbares.

Les courageux efforts de Stilicon, d'origine vandale, mais dont le cœur et l'intelligence étaient dignes des beaux temps de Rome, donnèrent à l'Italie quelques années de répit. Cependant elle ne put être défendue qu'avec le secours des légions de la Gaule. L'Italie n'avait presque plus de citoyens : rien que des maîtres fastueux et des esclaves.

[29] Ne trouvant plus de légions devant eux en Gaule, les Barbares vandales et les Alains, après avoir vaincu les Franks qui les combattaient sur la rive droite du Rhin, passèrent, à pied, le fleuve sur la glace, dans la nuit du 31 décembre 406 au 1er janvier 407.

Mayence, Worms, Reims, Amiens, Arras, Terouenne, Tournai, Strasbourg, Spire, furent prises d'assaut, pillées et noyées dans le sang.

Les pays au sud de la Loire furent envahis.

Arrêtés par la résistance des montagnards dans les Pyrénées, les Barbares refluèrent sur le midi de la Gaule et la ravagèrent. Les pays situés entre le Rhin et les Alpes où s'étaient retirés les milices gallo-romaines, et les pays de l'ouest, échappèrent cependant à ce désastre.

[30] Les populations gauloises désespérées, furieuses, se réfugiaient dans les bois et les montagnes, dévastant ce que les Barbares avaient oublié. La Bagaudie reparaissait de toutes parts. La Bretagne, les provinces de l'ouest chassèrent les gouverneurs romains, une anarchie profonde régna sur le pays.

D'un autre côté Alaric, chef des Wisigoths, prenait d'assaut et pillait Rome, le 24 août 410.

On voudrait pouvoir détourner les yeux de cette époque épouvantable, mais il faut poursuivre.

Les historiens, se copiant les uns les autres, ont dit que les Barbares venaient pour venger le monde de l'oppression romaine ; c'est ainsi que l'on se plaît à imaginer de grandes causes pour les grands événements, c'est très souvent une erreur. Les grands événements historiques sont fréquemment amenés par de très petites causes ou par des motifs fort misérables. Non, les Barbares ne venaient pas comme des vengeurs, nullement; ils venaient comme pillards et voleurs.

[31] D'autres tribus teutoniques, les Bur-

gondes, passèrent le Rhin, et après bien des mouvements ils occupèrent les pays de Saône-et-Loire.

En 412, vainqueurs de Rome où une sorte de terreur superstitieuse sembla les empêcher de s'établir, les Wisigoths atteignirent le Rhône au nombre de quatre cent mille. Leur chef Ataulf, successeur d'Alaric, épris de la sœur du dernier empereur, Honorius, faite prisonnière dans Rome, épousa cette princesse à Narbonne (en 414). Bientôt assiégé par les Romains, il fut contraint d'aller en Espagne combattre les Alains et les Vandales qui l'avaient envahie ; mais les Wisigoths revinrent en Gaule où, par un traité de l'an 416, ils furent autorisés à s'établir.

En 419, Poitiers, Saintes, Angoulême, Bordeaux, Périgueux, Agen et Toulouse, c'est-à-dire presque toute l'Aquitaine, cédèrent le tiers de leurs terres et de leurs esclaves aux Wisigoths.

Ainsi fut fondé ce brillant royaume des Wisigoths qui, après avoir réuni le nord de l'Espagne et le Sud de la Gaule, et après des fortunes diverses, tombait, trois siècles plus tard, sous les coups des Arabes [49].

IV

LES FRANKS

[32] En 425, le roi des Wisigoths Théodorik, l'un des successeurs d'Ataulf assiégeait Arles : il fut contraint de lever le siège par Aëtius, général romain, d'origine barbare, Goth ou Vandale, qui montra de grands talents.

Aëtius comprima les rébellions des Burgondes qu'il transféra des régions de la Moselle dans la Savoie, la Bresse et le pays de Vaud, ainsi que dans les pays situés entre l'Isère et le Rhône.

Il comprima la Bagaudie et fit rentrer la Belgique et la province lyonnaise dans l'obéissance à l'empire.

Une tribu des Franks Saliens, cantonnée vers Louvain et commandée par un chef nommé Chlodio, s'étant emparée de Tournai et de Cambrai où ils massacrèrent toute la population gallo-romaine, Aëtius les surprit au moment où ils célébraient le mariage d'un de leurs chefs.

Les Franks furent défaits et repoussés vers le nord de la Belgique.

[33] Or, depuis moins d'un siècle, des Tartares et des Sarmates unis à des peuples Tudesques, avaient formé un empire nouveau et immense.

Cet empire des Huns s'étendait de la mer Caspienne et de la mer Noire jusqu'au Rhin et à la mer du Nord. Il avait alors pour chef Attila qui s'intitulait le roi des rois, et qui commandait à 600,000 combattants.

Après avoir bouleversé l'Europe orientale, c'est-à-dire l'Illyrie, la Thrace, la Macédoine, et mis à rançon Théodose II, empereur de Constantinople, il s'avançait vers la Gaule.

Aëtius, grand politique autant que grand général, forma une vaste coalition des Gallo-Romains avec les Wisigoths ; il sut y joindre les Burgondes et les Armoricains avec les Franks.

Les Huns, entrés en Gaule au mois de février 451, ruinèrent le pays ; ils prirent Metz, l'incendièrent et tuèrent tous les habitants.

Parvenus jusqu'à la Loire, ils assiégèrent Orléans qui fut sauvé par l'arrivée de Théodorik et d'Aëtius suivis de leurs armées.

Attila se retira vers la Marne, la grande bataille se donna en Champagne non loin de Châlons. Au dire des historiens, on se battit dans une étendue de cinquante lieues de long sur trente-cinq de large : on assure que 160,000 hommes y périrent, et, parmi eux, le vieux roi Théodoric.

Les Huns furent vaincus. Attila se retira vers le Rhin. Et l'Occident fut ainsi préservé de la domination tartare.

En 455, Attila, surnommé le Fléau de Dieu, ayant pris une épouse nouvelle, on le trouva mort le lendemain dans son lit, la jeune veuve était assise voilée à ses pieds.

Sa mort amena la dissolution de l'empire des Huns, et Aëtius fut poignardé par l'empereur Valentinien III, jaloux de sa gloire.

[34] Ce fut alors en Gaule une époque de guerres et de convulsions continuelles.

Les Franks d'Outre-Rhin passèrent sur la rive gauche, les Franks saliens se répandirent en Belgique, les Allmans envahirent l'Helvétie. Valentinien, assassiné, eut pour successeur l'Arverne Avitus, bientôt précipité du trône.

Le chef des Franks saliens, Hilderik, trop adonné à la débauche, fut chassé par ses guerriers qui, chose étrange, élirent à sa place un Gallo-Romain : Ægidius.

Hilderik s'enfuit chez Bazin, chef des Allmans de Thuringe.

Une nouvelle entreprise des Franks Saliens dans laquelle Aegidius ne put leur procurer l'avantage, amena le rétablissement de Hilderik à la tête de sa tribu.

Bazine, femme du Koning (roi en chef) des Thuringiens, vint le rejoindre, lui disant que si elle connaissait fût-ce par delà les mers un homme supérieur à lui elle n'hésiterait pas à l'aller trouver.

Hilderik la prit pour épouse, et ils eurent un fils, le fameux Chlodowig (Clovis).

Ce fils avait quinze ans lorsque Hilderik mourut. Sa tribu occupait une partie du territoire des Flandres.

Un dernier chef gallo-romain commandait dans le Soissonnais. Chlodowig suivi de beaucoup d'autres chefs Franks, l'attaqua, le défit près de Soissons et s'empara de la ville et du pays.

D'ailleurs, à cette époque, l'empire romain en Occident venait de finir.

Odoacre, fils d'un ministre d'Attila et chef des Hérules (Tartares) à la solde d'Augustule, s'étant révolté et ayant détrôné cet empereur (an 475) gouverna ensuite l'Italie et abolit l'empire.

[35] Outre celle que nous avons marquée [§ 28], plusieurs causes très profondes expliquent les victoires des Franks.

Ils avaient une forte épée avec un épieu ou lance dont le fer était barbelé et qu'on nommait *hang*, c'est-à-dire Hameçon ; cette arme, entrée dans les chairs, ne pouvait être retirée qu'en les déchirant, et lorsqu'elle avait pénétré dans le bouclier des Romains on ne l'en arrachait qu'à grand'peine. Ils portaient une hache (francisque) qu'ils lançaient au besoin comme faisaient naguère les sauvages d'Amérique. Ils combattaient presque nus et vêtus seulement de peaux de bêtes. Leurs armes, au total, n'étaient donc pas meilleures que celles des Romains, elles étaient seulement différentes.

Mais le Frank était un homme vraiment libre qui suivait librement les coutumes de sa tribu.

Dans son existence personnelle,dans sa hutte, dans sa forêt, il ne reconnaissait aucun maître, il était maître de lui-même et de sa famille : et cependant il était trop voué à la guerre pour ne pas savoir que la discipline absolue sous un chef militaire était une nécessité pour vaincre.

Cette double forme de sa vie assurait à la fois la fierté de son cœur et sa soumission rigoureuse au commandement du chef de guerre.

D'aileurs, à cette époque, tous leurs konings étaient pris dans la famille de Meroweg, chef ancien dont l'illustration parmi eux remontait à des circonstances légendaires que l'histoire n'a point connues. Ils portaient un signe extérieur du droit au commandement résultant de leur naissance : la chevelure séparée sur le front et retombant en tresses sur leurs épaules.

Ce privilège des Mérovingiens écartait donc les rivalités fatales qui, en ce siècle, chez les Romains, énervaient et abattaient si souvent le commandement militaire.

Enfin la rude existence du barbare frank, son habitude aux intempéries et aux hivers complétaient en lui le soldat.

Bien plus habiles tacticiens, bien plus savants stratégistes, mais moins robustes, moins durs à la fatigue étaient les Gallo-Romains; et leur longue soumission à la domination impériale avait brisé en eux ce ressort superbe que donne la liberté.

[36] Chlodowig ne tarda pas à étendre ses conquêtes dans les pays de la Somme, de l'Aisne et de la Marne, pillant tout et s'emparant des anciennes propriétés impériales qu'il partageait à ses fidèles.

Beaucoup d'historiens, trompés par le mot *koning*, donnent à Chlodowig le titre de roi des Franks. Ce titre ne paraît guère correspondre au pouvoir royal tel que nous l'imaginons.

Le pouvoir du koning frank paraît bien avoir été une suprématie absolue dans le commandement des troupes à la guerre, mais il était fort limité dans d'autres sens. Une anecdote célèbre donne l'idée des deux aspects du pouvoir tel qu'il était entre les mains de Chlodowig.

Après la prise de Soissons, un vase d'une grande beauté avait été arraché de l'église de Reims, pillée par les troupes.

L'évêque Remi l'ayant fait redemander, Chlodowig rentré dans Soissons fit faire les parts du butin selon l'usage, et demanda à ses guerriers qu'on lui accordât le vase.

L'un des Franks s'écria : « Tu ne l'auras que si le sort te l'accorde ! »

Et il frappa le vase d'un coup de sa hache.

Chlodowig se tut, et, prenant le vase avec le consentement de tous les autres Franks, il l'envoya ainsi fracassé à l'évêque de Reims.

Mais, lorsqu'au mois de mars, l'année suivante, les guerriers se réunirent selon la coutume avant d'entrer en campagne, Chlodowig passa la revue ; et, arrivé devant le soldat qui avait frappé le vase, il lui reprocha le mauvais état de ses armes, et lui arracha sa hache qu'il jeta à terre.

Le soldat s'étant baissé pour la reprendre, Chlodowig lui fendit la tête d'un coup de sa francisque en lui criant : « Souviens-toi du vase de Soissons ! »

Et nul ne bougea dans les rangs.

Chlodowig, continuant ses guerres et ses dévastations, attaqua vainement Paris pendant plusieurs années. Le courage des habitants était soutenu par l'énergie admirable d'une femme gallo-romaine : Genovefa (sainte Geneviève), surnommée dès lors la patronne de Paris.

A cette époque, les Franks d'Outre-Rhin, assaillis par les Thuringiens, leur demandèrent la paix et leur livrèrent des otages. Or, les Thuringiens égorgèrent les otages ; ils pendirent les enfants aux arbres avec d'horribles raffinements. Ils écartelaient les jeunes filles, ils égorgeaient les vieillards.

Chlodowig, élu chef de tous les Franks pour cette guerre, accourut et infligea aux Thuringiens des châtiments non moins cruels.

[37] Puis, il épousa Clotilde.

Lorsqu'elle était encore enfant, ses deux frères et son père, l'un des rois burgondes, avaient été égorgés. La reine, sa mère, avait été jetée à l'eau avec une pierre au cou.

C'était le roi Gondebald, frère du roi égorgé, qui avait ordonné ce massacre. Le père de Clotilde l'avait autrefois chassé du pays afin de ne point partager le pouvoir avec lui ; mais ensuite Gondebald l'avait vaincu et s'était vengé en barbare.

Clotilde vivait maintenant à l'écart sur le territoire de son oncle. Chlodowig ayant entendu vanter sa beauté et sa vertu, la demanda à Gondebald qui n'osa la refuser.

Des historiens, qui vécurent peu de temps après, disent qu'en approchant des limites du territoire burgonde, elle pria ses conducteurs franks de piller et de brûler deux lieues de pays de chaque côté de la route, afin de venger son père, sa mère et ses frères.

Chlodowig réclama ensuite les biens du père et de la mère de Clotilde. Gondebald encore dut céder.

Clotilde était chrétienne. Chlodowig consentit à ce que son premier enfant fût baptisé. Paris, Rouen et beaucoup d'autres villes se soumirent, mais cet enfant mourut. Cependant, un second fils, Chlodomir, vécut.

[38] Peu après, les Allmans tentèrent un grand effort pour conquérir au moins une partie de la Gaule. Leur armée, extrêmement nombreuse, livra bataille aux Franks près de Tolbiac, non loin de Cologne.

L'armée franke fut un moment très ébranlée. Chlodowig blessé, couvert de sang, pressé par un de ses guerriers, qui était gallo-romain catholique, invoqua le Dieu de Clotilde. Bientôt, le koning des Allmans ayant été tué, la bataille fut gagnée pour les Franks et pour Chlodowig.

Les vainqueurs passèrent le Rhin, à la suite des vaincus, et soumirent une grande partie de l'Allemagne.

Chlodowig se fit chrétien avec beaucoup d'autres Franks le jour de Noël 496.

Cette conversion eut des conséquences immenses, parce que tout ce qui était catholique dans les Gaules inclina — surtout le clergé — vers la domination des Franks.

Les villes gallo-romaines et catholiques de l'Armorique, Nantes, Rennes et Vannes se soumirent.

Bientôt, la conquête franke s'étendant jusqu'à la Loire se trouva aux prises avec les rois Wisigoths ; mais quoique chrétiens, ainsi que leurs peuples, ils étaient sectateurs d'une doctrine repoussée par l'Église romaine ; de sorte que toute l'influence des évêques catholiques agissait d'une manière continuelle en faveur des Franks, parce qu'ils se déclaraient soumis à l'orthodoxie selon l'Église romaine.

D'ailleurs, la politique de Chlodowig paraît avoir été bien différente de celle des Wisigoths. Ceux-ci avaient exigé le tiers des terres et des esclaves, et même davantage, dans les contrées de la Gaule et de l'Italie où ils s'étaient établis ; tandis que Chlodowig ne s'emparait que des propriétés appartenant au domaine impérial ou au fisc, du moins au midi de la Seine, et il laissait leurs terres aux riches gallo-romains. Les Franks paraissent ne s'être établis qu'en petit nombre au sud de la Loire.

En 507, près de Voulon, à quatre lieues de Poitiers, Chlodowig remporta une grande victoire sur l'armée des Wisigoths. Leur roi fut blessé mortellement de la main de Chlodowig.

L'Auvergne, le Rouergue et le pays des Albigeois furent soumis (Aquitaine).

Chlodowig poussa jusqu'à Bordeaux, il s'empara de Toulouse; mais l'armée franke, commandée par un fils de Chlodowig, essuya une grande défaite devant Arles qu'elle assiégeait, et qui reçut le secours d'une armée envoyée par le roi des Goths d'Italie, Théodorik.

Cependant Chlodowig ramena vers la Loire un immense butin avec des milliers de captifs, et, après avoir triomphé dans Tours à la manière romaine, il revint établir à Paris le siège de sa puissance.

La paix fut conclue entre le puissant Théodorik, roi des Goths d'Italie, et Chlodowig dont il épousa la sœur.

[39] Vers l'année 510, Chlodowig résolut de réunir dans ses mains le commandement de toutes les tribus frankes; et pour y parvenir il engagea d'abord Chloderik à faire assassiner Sigebert, son père, afin d'hériter de son pouvoir. Sigebert était le chef des Franks ripuaires.

Puis, il fit assassiner Chloderik, et ensuite, dans une grande assemblée des Franks ripuaires, il leur dit qu'il ne savait comment tout cela était arrivé, et il leur conseilla de le prendre pour chef, ce qu'ils firent à l'instant avec de grandes acclamations.

Sous un futile prétexte, il fit la guerre à un autre chef de Franks nommé Hararik ; l'ayant pris avec son fils, il leur fit couper la tête et devint chef de leur peuple.

Ensuite il attaqua Raghenaher dans Cambrai. Il donna des bijoux et des ornements de brillante apparence aux fidèles de ce chef afin qu'ils le lui livrassent.

Lorsque Raghenaher fut devant lui, enchaîné avec son fils Riker : « Pourquoi, lui dit-il, as-tu « fait honte à notre race en te laissant enchaî- « ner ; ne valait-il pas mieux mourir ? »

Et il lui fendit la tête.

Puis, il dit à Riker : « Si tu avais secouru ton père, il n'eût pas été enchaîné. »

Et il le tua aussi.

Or, les bijoux et les ornements donnés par lui n'étaient que du cuivre ; quand ceux qui avaient livré Raghenaher s'en aperçurent, ils se plaignirent ; Chlodowig leur répondit : « Celui qui livre son chef à la mort mérite de recevoir de faux or pour récompense. »

Tous ces chefs, ainsi que Righomer qu'il fit tuer dans la ville du Mans, étaient les parents de Chlodowig, il en tua beaucoup d'autres encore et il étendit ainsi sa puissance.

Ensuite, il gémissait de n'avoir plus de parents qui le pussent secourir en cas de malheur. Mais, dit son historien et son admirateur, son affliction était feinte, et il n'avait d'autre but que de découvrir s'il avait encore quelque parent afin de le faire tuer.

Il mourut à quarante-cinq ans.

[40] Ses quatre fils se partagèrent ses états de la manière la plus bizarre. L'aîné, Théoderik, enfant d'une autre femme que Chlotilde et qui avait beaucoup guerroyé avec Chlodowig, eut la plus grosse part, c'est-à-dire les pays du nord-est de la Gaule, ainsi que les domaines des Franks en Allemagne avec l'Auvergne et d'autres possessions en Aquitaine; tous eurent ainsi des territoires enchevêtrés dans les domaines de leurs frères. Théoderik résidait à Metz ou à Reims. Chlotaire à Soissons, Hildebert dans le Parisis, et Chlodomir dans l'Orléanais.

Les provinces du nord-est, appartenant aux Ripuaires étaient désignées sous le nom d'Oster-Rike, c'est-à-dire États de l'est (Austrasie).

Les États de l'ouest, appartenant aux Saliens, étaient désignés sous ce nom : Ni-oster-Rike, c'est-à-dire États qui ne sont pas à l'est (Neustrie). La Meuse paraît avoir été à peu près la ligne de démarcation entre eux.

[41] Chlotilde demanda vengeance à Chlodomir, Hildebert et Chloter, ses trois fils, contre les Burgondes.

Après avoir fait jeter dans un puits le roi des Burgondes, prisonnier, avec sa femme et ses enfants [37], Chlodomir périt dans cette guerre, il laissait trois fils.

Hildebert et Chloter tuèrent deux de ces enfants, afin de partager leur héritage. Le plus jeune, Chlodowald, fut sauvé par des serviteurs. Mais il ne réclama jamais son héritage; il se fit prêtre et construisit un monastère au village qui portait le nom de Nogent-sur-Seine, où il se retira. Depuis lors, ce village fut appelé Saint-Cloud.

L'histoire des fils de Chlodowig n'est qu'une suite de violences, de rapines et de trahisons.

L'aîné des frères, Théoderik, ayant un ressentiment contre les Arvernes qui avaient voulu se donner à Hildebert, dit à ses fidèles qui se plaignaient de ne pas être menés comme les autres à la curée chez les Burgondes : « Suivez-moi chez les Arvernes vous y trouverez en abondance de l'or, de l'argent, des troupeaux, des esclaves et des vêtements. »

Ils y furent, tout fut dévasté, les monuments rasés, les jeunes hommes, les jeunes femmes enchaînés et vendus comme esclaves.

Théoderik étant mort ainsi que son fils et son petit-fils, Chloter, fils de Chlotilde, s'empara du royaume des Ripuaires. [26] La mort de son frère le rendit maitre de toute la monarchie Franke, vers 560.

Son fils Chram, ayant conspiré contre lui, Chloter le fit brûler dans une chaumière avec sa femme et ses enfants.

[42] Chloter mourut à Compiègne en 562. Il laissait encore quatre fils qui partagèrent les États de leur père comme avaient fait les fils de Chlodowig, et d'une manière aussi peu rationnelle.

L'un d'eux, Hilpérik, roi de Soissons, répudia sa femme Audowère, par suite des ruses d'une servante franke, nommée Frédégonde, qu'il épousa.

Son frère, Sighebert, épousa Brunehilde (Brunehaut), fille du roi des Wisigoths.

Toutes deux étaient très belles, ambitieuses, et d'une grande intelligence. Des passions et des audaces bien différentes les ont rendues également célèbres.

Frédégonde, horriblement perfide, déploya son génie contre les fils d'Audowère, première femme de Hilpérik. Puis elle tourna sa fureur contre Galeswinthe, sœur de Brunehilde, qu'Hilpérik avait épousée après elle et à laquelle il avait donné, comme cadeau de noces, les domaines royaux des villes de Limoges, Cahors, Bordeaux, Béarn et Bigorre.

Bientôt Frédegonde fit assassiner Galeswinthe.

Hilpérik, traduit devant l'assemblée des Franks pour ce meurtre, dût abandonner à Brunehilde les biens qu'il avait donnés à Galeswinthe. Il conserva ainsi son royaume et reprit Frédégonde.

Son fils aîné fut assassiné par un chef austrasien, sans doute aux instigations de Frédégonde.

Elle fit assassiner Sighebert qui laissait un fils âgé de cinq ans. Les grands d'Austrasie nommèrent un chef ou maire du palais pour commander en attendant que l'enfant eût l'âge viril.

Haribert, roi de Paris, étant mort, ses domaines furent partagés. Hilpérik devint roi de presque toute le Neustrie.

Brunehilde, veuve de Sighebert et encore extrêmement belle, fut épousée par Mérowig, second fils de Hilpérik. L'évêque Prætextatus, dont Mérowig était le filleul, les maria à Rouen, contrairement aux lois de l'Église qui défendaient les unions entre le neveu et la tante. Prætextatus fut exilé à Jersey.

Bientôt séparé de la femme qu'il adorait,

Mérowig eut un sort funeste. On fit courir le bruit que, poursuivi par la colère de Hilpérik et la haine de Frédegonde, se voyant près de leur être livré, il avait supplié un de ses amis de lui donner la mort, mais il est beaucoup plus croyable qu'il fut assassiné par les ordres de Frédégonde. Les amis qui lui étaient restés fidèles périrent avec lui.

Hilpérik prit des mesures pour augmenter les impôts. Il terminait ses ordonnances par ces mots : « Si quelqu'un désobéit à nos commandements, qu'on lui arrache les yeux. »

Une épidémie enleva tous les fils de Frédégonde. Elle trama un complot contre le seul fils d'Audowère qui restait à Hilpérik et le fit poignarder. Enfin, elle rechercha dans un couvent la malheureuse Audowère et la fit périr. Puis elle livra aux domestiques du palais la fille d'Hilpérik et d'Audowère, après quoi cette infortunée fut confinée dans un couvent.

Cependant Frédégonde eut encore un fils. Et, peu de temps après, Hilpérik périt assassiné près de Chelles par un amant de sa femme.

Reléguée à Rueil, elle chercha à faire assassiner Brunehilde qui lui renvoya railleusement son émissaire. Pour le punir de n'avoir pas réussi, Frédégonde lui fit couper les pieds et les mains.

Elle fit poignarder, pendant qu'il disait la messe, l'évêque Prætextatus qui avait été rétabli dans son diocèse, et elle alla repaître sa cruauté en le visitant et le raillant pendant son agonie.

Elle empoisonna un chef frank qui l'avait menacée de la punir pour ce crime.

[43] Après des échecs et des abaissements surmontés par elles tour à tour, Frédegonde et Brunehilde avaient toutes deux rétabli leur puissance, la première en Neustrie, la seconde en Austrasie.

A la suite d'une bataille perdue par les Austrasiens, elles furent contraintes l'une et l'autre à la paix.

Élevée dans les pays wisigoths encore empreints des grandeurs romaines, Brunehilde tentait d'établir, dans le royaume de Sighebert, des coutumes de gouvernement et une suprématie royale que repoussaient violemment la rudesse et la fierté des chefs austrasiens. Instruite et élégante, elle voulait introduire les sciences et les arts dans un pays où, à l'exception des évèques, il n'y avait place que pour des guerriers ignorants et farouches. Elle fut victime de cette entreprise, en laissant cependant au nord-est de la Gaule des monuments qu'on montre encore et des souvenirs impérissables.

Après une victoire contre l'armée de Brunehilde, Frédégonde mourut vieille et triomphante (597 ou 598). Son tombeau a été conservé ;

on le montre dans la basilique de Saint-Denis.

Sa beauté et son intelligence n'expliquent pas seuls les dévouements qu'elle fit naître.

Elle portait à l'extrême la ruse, la cruauté, la mauvaise foi, le courage et tous les caractères de la barbarie.

En elle, les guerriers franks voyaient donc une sorte d'idéal.

Brunehilde finit par une mort terrible. Captive de Chloter, fils de Frédégonde, elle fut, après d'infâmes insultes, attachée à la queue d'un cheval indompté, qui la traîna à travers les campagnes et la mit en lambeaux (613).

[44] Chloter, devenu seul roi des Franks, mourut à quarante-cinq ans, en 628. Il eut pour successeur son fils Dagobert, dont le nom est resté aussi populaire que celui d'Éloi son orfèvre, lequel fut évêque de Noyon.

Les commencements de Dagobert furent brillants, mais ses belles qualités étaient mêlées à une excessive licence.

Afin de se faire pardonner ses mauvaises mœurs, il bâtit les monastères de Salignac, de Roubaix de Jouarre, et la basilique de Saint-Denis.

Sous son règne, on vit apparaître deux personnages d'Austrasie, Arnulf (saint Arnould), évêque de Metz, et Peppin de Landen, maire du palais, tous deux fondateurs d'une famille dont l'illustration devait être éclatante.

Dagobert mourut jeune (en 628), et il fut le dernier des véritables rois saliens; ensuite, pendant un siècle, se succédèrent les rois fénéants, sous la tutelle des maires du palais.

V

LES MAIRES DU PALAIS

CHARLEMAGNE

[45] A l'origine, les fonctions des maires du palais (majordomes) étaient fort modestes ; ils n'étaient que les premiers serviteurs dans la maison royale Mais leurs pouvoirs s'étaient étendus en même temps que le pouvoir des rois.

Les principaux chefs des Franks, établis depuis plus d'un siècle sur de vastes domaines et devenus riches, formaient une aristocratie puissante, surtout en Austrasie [40].

Comme toute aristocratie, ils s'efforçaient de se soustraire à la suprématie royale. L'institution des maires du palais comblait donc leurs désirs à cet égard, en maintenant le centre militaire indispensable à la sécurité de tous, et en réduisant le pouvoir royal à une sorte de fiction représentée par des figures couronnées mais impuissantes, et que l'on montrait au peuple seulement dans les grandes occasions.

Les Franks ne voulaient pas alors souffrir d'autres rois que des petits-fils de Clovis appartenant à la race de Meroweg [35].

[46] Peppin de Landen fut maire en Austrasie sous le jeune roi Sighebert, fils de Dagobert.

Grimoald, fils de Peppin, fut ensuite maire pendant quatorze ans, mais le roi d'Austrasie Sighebert étant mort, Grimoald voulut élever au trône son propre fils à la place du fils de Sighebert.

Attiré dans une embuscade par les Francks révoltés, Grimoald fut mis à mort avec son fils.

Ebroïn, maire du palais de Neustrie, homme sorti d'une famille franke de basse condition, mais plein d'audace et de talents, soutint une lutte longue et acharnée contre l'aristocratie franke qu'il voulait abattre.

Or, Peppin de Landen ayant marié sa fille au fils d'Arnulf de Metz, elle avait eu un fils, Peppin, surnommé de Héristall.

Arrivé à l'âge viril, ce jeune chef leva une armée avec son cousin nommé Martin. Ils attaquèrent Ebroïn et furent vaincus. Martin, perfidement trompé, fut assassiné par l'ordre d'Ebroïn. Mais lui-même ayant menacé de mort un guerrier neustrien, celui-ci l'attendit au point du jour près de sa maison et, au moment où il sortait, il lui fendit la tête.

[47] Peppin de Héristall qui avait évité le sort de son cousin, rétablit la puissance de l'aristocratie franke. Il maintint des rois sans pouvoir, descendants de Chlodowig, mais il régnait en réalité. Il fit de nombreuses guerres, principalement en Germanie où il contraignit les Allmans à devenir tributaires des Franks, et il s'efforça de pacifier la Gaule.

Comme tous les princes franks, Peppin était polygame. L'une de ses épouses, Plectrude, avait eu deux fils ; un seul, nommé Grimoald, survivait ; la seconde, Alféide, avait un fils nommé Karle. La haine qui animait ces deux femmes et leurs enfants troubla les dernières années de Peppin.

Son fils aîné, Grimoald, ayant été poignardé dans une église, Peppin déshérita Karle qu'il soupçonnait d'avoir pris part au meurtre, et il mourut à la fin de l'an 714.

Plectrude fit emprisonner Karle et tenta d'exercer le pouvoir sous le nom du fils de Grimoald. Elle s'avançait à la tête des Austrasiens qui furent vaincus par les Neustriens. Le jeune fils de Grimoald mourut de fatigue après la fuite qui suivit cette défaite. Plectrude s'était réfugiée à Cologne. De tous côtés, les ennemis des Austrasiens menaçaient le pays.

[48] Karle avait vingt-cinq ans. Echappé de sa prison, il se mit à la tête d'une troupe de Franks, il attaqua les Frisons et fut vaincu.

Plectrude, assiégée dans Cologne par les Neustriens, abandonna une partie de ses trésors pour racheter sa liberté.

Karle, sans se décourager, avec très peu de soldats, fit à l'armée neustrienne victorieuse une continuelle et audacieuse guerre d'escarmouches.

L'Austrasie entière, reconnaissant dans ce jeune homme un valeureux chef, lui fournit des combattants. Il organisa une armée et marcha sur la Neustrie. La bataille se donna en mars 717 ; Karle fut vainqueur.

L'année suivante il fit la guerre aux Saxons.

En 719, il vainquit de nouveau les Neustriens unis aux Aquitains, commandés par leur roi Eude.

Sa puissance s'accrut rapidement. Tout homme exercé aux combats recevait grand accueil près de lui, et était admis dans son armée avec part aux profits de guerre.

[49] Dans le siècle précédent, Mahomet avait créé une religion nouvelle avec un nouveau livre : le Koran. Il était mort à la Mecque, en 631, maître de toute l'Arabie. Ses successeurs ayant conquis l'Afrique, la Perse, la Judée, la Syrie,

étaient entrés en Espagne. Ils avaient abattu le royaume des Wisigoths, tué son dernier roi et conquis toute la péninsule, à l'exception de la Galice, des Asturies et des pays Basques.

En 712-713, ils franchirent les Pyrénées et prirent Narbonne.

En 721, ils assiégèrent Toulouse. Les Aquitains conduits par le roi Eude vainquirent les musulmans, leur chef fut tué. Un autre chef ramena les débris de leur armée dans Narbonne et s'y maintint.

En 725, une autre armée arabe descendit des Pyrénées, prit Carcassonne, s'avança en Bourgogne, saccagea Autun. Une de leurs bandes vint jusque dans les Vosges où elle saccagea le célèbre monastère de Luxeuil. Ils redescendirent vers le sud où ils subirent une défaite, leur chef fut blessé mortellement (726).

En 732, une grande armée arabe franchit les Pyrénées et se porta sur Bordeaux. Le vieux et très vaillant roi Eude sortit des murs pour livrer bataille, il fut vaincu et la ville fut livrée aux flammes après avoir été emportée d'assaut.

Eude vint demander secours à Karle.

Les Arabes ravageaient les environs d'Orléans, d'Auxerre, de Sens.

Trois mois après, ils s'avançaient vers Tours où ils se proposaient de détruire la basilique de Saint-Martin. C'était une offrande qu'ils prétendaient faire à leur religion, une bonne œuvre, selon leur foi.

Karle avait appelé tout ce qu'il pouvait réunir de gens de guerre.

Les deux armées restèrent en présence pendant une semaine. Le septième jour, à la fin d'octobre 732, à l'aurore, les Arabes, appelés par leurs prêtres, firent la prière et s'élancèrent sur les Francs qui demeuraient inébranlables et les recevaient à grands coups d'épée et de hache.

La lutte se prolongeait lorsque le roi Eude, à la tête de ses cavaliers aquitains, s'étant jeté sur le camp des musulmans, le désordre se mit dans leur armée; les Francs alors chargèrent les Arabes qui s'enfuirent de tous côtés.

Le lendemain, au point du jour, les Francs virent les tentes des ennemis à la même place que la veille, mais tous avaient disparu en silence pendant la nuit, et les Francs se partagèrent les richesses que les Arabes avaient pillées à Bordeaux et dans l'Aquitaine.

En 737, Karle, surnommé Martel (marteau), revint en Provence, reprit Avignon sur les musulmans, mais ne put reprendre Narbonne.

En 741, après avoir partagé les possessions franques entre ses deux fils, Karle Martel, âgé d'environ cinquante ans, mourut et fut enterré dans la basilique de Saint-Denis.

[50] Karloman eut l'Austrasie, avec les domaines des Francs en Allemagne.

Peppin, surnommé le Bref, à cause de sa petite taille, eut la Neustrie, la Burgondie, et la Provence à la condition de la conquérir.

Tous deux, longtemps unis, soutinrent de longues guerres avec succès.

Karloman se fit moine et confia ses États à Peppin qui les prit pour lui-même et enferma les fils de Karloman dans un cloître.

Puis il supprima la fiction des rois mérovingiens et prit la couronne. Il fut sacré roi par l'archevêque de Mayence, Boniface, avec le consentement du pape Zaccharie.

En 755, Peppin et ses fils, Karle et Karloman, furent déclarés patrices des Romains par le pape Étienne, venu en Gaule pour demander secours contre Astolf, roi des Lombards (Longobards, longues-barbes).

Astolf fut vaincu, et Peppin donna au pape la Romagne, le duché d'Urbin et une partie du territoire d'Ancône, qui lui constituèrent un domaine temporel.

En 759, après un siège de sept ans, les habitants goths ayant ouvert les portes aux Franks, la garnison arabe de Narbonne fut expulsée.

« En 761, les Franks, conduits par Peppin,
« passèrent la Loire et ravagèrent l'Aquitaine
« jusqu'à la contrée des Arvernes, où ils brûlè-

« rent la ville de Clermont, faisant périr dans « l'incendie une foule d'hommes, de femmes et « d'enfants. La principale cité des Arvernes fut « prise d'assaut, et les Franks, selon leur cou- « tume, pillèrent tout ce qui pouvait s'emporter. « L'année suivante, ils vinrent encore autour de « Bourges enlever des chevaux et des hommes. « En 765, ils étendirent leurs incursions jusqu'à « Limoges; en 766, ils poussèrent jusqu'à Agen, « détruisant les vignes et les arbres, incendiant « et pillant les maisons. Après ce ravage de l'A- « quitaine entière, ils repartirent pour leur pays, « pleins de joie, comme disent les chroniques, « louant Dieu qui les avait guidés dans cette « heureuse expédition. » (Augustin Thierry.)

Peppin mourut en 768 et fut inhumé à Saint-Denis selon sa volonté, après avoir partagé ses États entre ses deux fils. Karle, l'aîné, avait alors vingt-six ans : il reçut l'Austrasie et les possessions des Franks en Germanie. Karloman eut la Burgondie, la Provence, l'Allemanie et l'Alsace. La Neustrie et l'Aquitaine furent partagées entre les deux frères, mais Karloman étant mort en 771, Karle devint maître de tous les États de son père.

[51] A l'heure où Karle réunissait, sous sa domination, l'immense étendue de pays conquis dar les hommes de sa race, l'épée ne pouvait plus suffire au commandement de tant de peuples, il

le vit clairement et entreprit une œuvre d'organisation qui atteste un grand génie.

Toutefois, dans une telle époque, il devait s'appuyer d'abord sur de nouvelles victoires. Il les chercha au delà du Rhin, où les payens saxons, profitant de l'émigration des Franks, menaçaient les populations clairsemées des pays d'Outre-Rhin appartenant aux conquérants des Gaules.

Ces peuples saxons, depuis plusieurs siècles, avaient conquis une grande partie de l'Angleterre, mais, au temps de Karle, les Saxons anglais étaient convertis au christianisme.

En 772, il passa le Rhin, démolit le temple payen d'Irmensul et brûla le bois sacré qui l'entourait.

Puis, il fit une guerre victorieuse aux Longobards, en Italie et prit le titre de roi des Longobards

Suivi d'un grand nombre de chefs, il alla au temps de Pâques, à Rome, et se rendit à la basilique de Saint-Pierre où l'attendait le pape Adrien avec lequel il se lia d'amitié.

Les Saxons recommencèrent la lutte qui se prolongea trente ans. Karle les voulait tous chrétiens ou tous détruits.

Witikind, chef saxon énergique, soutenait au loin leur révolte contre la domination franke.

En 777, à Paderborn, après de nouveaux combats, un grand nombre d'entre eux se soumirent et furent baptisés tous ensemble, hommes, femmes et enfants.

[52] Il est nécessaire d'indiquer les différences profondes qui existaient alors entre les peuples gallo-franks et ceux d'Allemagne.

Du temps de Karle, les Franks, mêlés à beaucoup d'anciens nobles gallo-romains, disposaient de toutes les richesses laissées par l'empire et de toutes celles que produisaient les laboureurs, les artisans de la Gaule soumis et tributaires.

Les Franks, alors, connaissaient l'importance des villes quoiqu'ils préférassent habiter le campagne ; ils appréciaient même les arts.

Ils étaient oppresseurs et avides ; cependant, à cette époque, la barbarie dans les Gaules commençait à se transformer. Sous une hiérarchie horriblement lourde pour le peuple vaincu, l'existence d'une civilisation essayait de se manifester.

Au contraire, dans la Germanie, rien que des huttes éparses et, au lieu de villes, quelques camps entourés d'énormes remparts de bois et de terre. Les seuls arts très cultivés alors, paraissent avoir été la forge du fer pour les armes, l'éducation des chevaux pour la guerre.

Mais, dans les idées surtout, le contraste était saisissant.

Le Frank, malgré ses vices et sa violence, était chrétien comme le Gaulois : il adorait très sincèrement un dieu de paix : le symbole de sa croyance était une croix, d'où il croyait voir descendre les douceurs de la charité, et du pardon qui lui était bien nécessaire.

Cette religion avait aboli depuis longtemps les sacrifices d'hommes et de bêtes, dont elle enseignait l'horreur comme étant l'œuvre du démon ; elle les avait remplacés par un mystère silencieux devant lequel le guerrier frank se courbait avec terreur.

Au contraire, dans la Germanie, la divinité vraie c'était l'épée : une épée nue plantée en terre, la pointe tournée vers le ciel.

On la portait dans des processions.

Et des sacrifices de chevaux et d'hommes étaient offerts à cette divinité.

Pour le Frank, après la mort et le pardon, il y avait espoir d'un séjour de paix et de félicité pures.

Pour le Germain, après la mort et des immolations d'hommes par l'épée, il y avait promesse de combats plus terribles où le guerrier renaîtrait incessamment pour de nouveaux combats.

Joignez à cela l'idée très claire, très justifiée chez le Gallo-Frank, que le Germain ennemi, incapable alors de produire des richesses dont il était extrêmement avide, n'avait pas d'autre but que de les ravir par l'épée.

Et la lutte si violente des deux peuples au IXe siècle est amplement expliquée.

[53] En 778, Karle fit la guerre aux Maures d'Espagne, il ne put toutefois soumettre Saragosse.

Les vivres manquaient. La nombreuse armée qu'il commandait ayant promptement épuisé le pays, il dut se résoudre à l'évacuation et se contenter d'une immense quantité d'or arraché aux musulmans. Il repassa donc les Pyrénées après avoir rasé les murs de Pampelune, mais l'arrière-garde de son armée, attaquée par les montagnards dans les gorges de Roncevaux, y laissa un grand nombre de guerriers franks parmi lesquels l'histoire et la légende ont célébré surtout le nom de Roland.

Karle ne put venger ce désastre : il devait revenir en toute hâte vers le nord ; les Saxons, appelés par Witikind, s'étaient de nouveau révoltés.

Il les vainquit encore, leur pardonna, et entreprit l'œuvre politique qu'il s'était proposée.

[54] Entre les restes de l'administration gallo-romaine et l'organisation militaire des conquérants, les peuples n'avaient plus aucune loi commune à tous.

Nous ne pouvons ici décrire ni expliquer l'œuvre immense de législation que tenta Karle, mais il faut en rappeler le caractère.

Dans cette œuvre, abandonnant la barbarie en ce qu'elle avait d'essentiel, c'est-à-dire l'adoration de l'épée et de la force comme raison suffisante du gouvernement des hommes, il rechercha l'idée du droit, il voulut régler les droits de tous conformément à l'idée de justice telle qu'il la pouvait concevoir en ces temps.

Il reprenait donc la tradition romaine du droit [19], et non content de combattre par l'épée et de refouler la barbarie en Allemagne, il lui opposait l'idée de droit, l'idée de Justice comme supérieure à la force.

C'est ce qui lui a mérité un renom immense dans les Gaules.

Tout fut réglementé avec une sagesse bien supérieure à ce qu'on pouvait espérer alors.

Cette œuvre écrite et conservée jusqu'à nous, est connue sous le nom de *Capitulaires*.

Centralisateur comme tous les législateurs guerriers, il fit tout rayonner de son palais ; il institua les *Missi Dominici* qui allaient inspecter en son nom les fonctionnaires civils et les chefs militaires, il rappela au bon ordre les ecclésiastiques qui s'en écartaient souvent, il s'empara du choix des évêques.

Travailleur obstiné, il apportait dans ce labeur

la même activité que dans ses voyages et dans ses guerres.

A côté de son pouvoir militaire, et à l'appui de ce pouvoir, il tenta d'organiser, par des assemblées annuelles, une sorte de consultation parlementaire dont les anciennes réunions des guerriers avaient été l'origine [7] et dont nos assemblées actuelles semblent être la forme dernière.

Dans ces assemblées, les évêques et tous les prêtres se réunissaient sans être mêlés aux laïques ; et les comtes, les ducs, avec tous les personnages laïques, se réunissaient également à part. Inutile de remarquer que l'infortuné peuple vaincu, la classe des laboureurs et des artisans, ne figurait point dans ces assemblées.

Karle avait trois fils. Il voulut que l'Italie et l'Aquitaine fussent des royaumes distincts, et tandis que l'aîné, Karle, régnerait sur les Franks, Peppin et Lodowig régneraient sur l'Italie et l'Aquitaine.

[55] En 781, il fit un voyage en Italie avec sa femme et ses deux plus jeunes fils, et il accrut les dons faits antérieurement au siège des papes, mais il conservait sa suzeraineté sur les terres ainsi octroyées « comme roi des Franks et des Longobards et patrice des Romains ».

Il établit le petit roi Peppin à Pavie. Revenu

en Austrasie, il envoya le petit Lodowig, âgé de trois ans, en Aquitaine.

« L'enfant roi voyagea dans son bereeau jus-
« qu'à Orléans. Arrivé sur la rive méridionale
« de la Loire, on le revêtit d'une armure conve-
« nable à son âge et à sa taille, on le plaça sur
« un cheval, et il fit ainsi son entrée dans son
« royaume, avec le cortège des ministres prépo-
« sés à sa tutelle. » (Henri Martin.)

Ces deux royaumes reçurent les mêmes institutions que Karle avait appliquées à ses autres États.

[56] En 781, il chargea un savant anglo-saxon Alkwin (Alcuin), de l'enseignement des lettres et des sciences dans la Gaule.

Alcuin forma, dans les monastères, des écoles de copistes auxquelles nous devons tant de manuscrits, et il rétablit les textes altérés.

La grammaire, la rhétorique, la jurisprudence; la versification, l'astronomie, la physique, les mathématiques, la chronologie et l'explication des livres de religion furent enseignées.

Karle voulut joindre le Danube au Rhin, et entreprit à cet effet un canal qui fut commencé mais auquel il dut renoncer, parce que le sol était mauvais et qu'à cette époque, on n'avait ni la science de l'ingénieur ni les moyens matériels nécessaires pour de tels travaux.

Il avait une extrême soif de science : il surveillait lui-même les écoles et suivait les cours d'Alcuin. Il parlait le latin comme le tudesque et il comprenait le grec, il essaya même d'apprendre à écrire et s'y exerçait lorsqu'il avait un peu de loisir.

Les savants qui l'entouraient avaient tous pris des noms de l'antiquité : Alcuin s'appelait Albinus Flaccus : lui-même se faisait appeler David.

[57] En 782, Witikind ayant soulevé encore sa nation, les lieutenants de Karle furent vaincus à grand désastre.

Karle accourut, dispersa les Saxons : Witikind s'enfuit.

Le bon roi Karle, exigea qu'on lui remît ceux qui avaient pris part à la révolte ; quatre mille cinq cents lui furent amenés ; il les fit tous décapiter en un jour.

A peine il était parti, regrettant cette horrible boucherie, et déjà les Saxons rappelaient Witikind et se soulevaient de nouveau : il vainquit encore ; Witikind se soumit et fut baptisé en Gaule avec ses compagnons ; Karl fut le parrain du chef saxon.

En 786, il réprima les menées des Longobards en Italie.

En 788, les Huns-Awares attaquèrent la Bavière ; ils furent repoussés par les lieutenants de Karle.

En 791, décidé à détruire définitivement les Huns établis à l'est de la Bohême, au nord du Danube, et qui épouvantaient depuis longtemps l'Europe par leurs pillages, leur férocité et leur visage qu'on trouvait hideux, il assembla toutes les forces que pouvaient lui fournir les Gaules, l'Italie et les Germains soumis aux Franks. Il se proposait de forcer les Huns dans l'immense repaire qui était leur forteresse royale, entre le Danube et la Theiss. Ils y avaient entassé les richesses arrachées depuis des siècles à tant de peuples.

La campagne avait commencé par des victoires, mais des maladies contraignirent Karle à retourner passer l'hiver dans Ratisbonne d'où il était parti.

[58] En 792, il échappa à une conspiration tramée contre lui par plusieurs grands personnages franks, et à laquelle était associé Peppin le bossu, qu'il avait eu d'une concubine. Il n'aimait pas ce fils et il l'avait irrité en ne lui donnant aucun apanage. Plusieurs des coupables furent mis à mort, Peppin fut enfermé dans un monastère.

Ensuite il y eut une nouvelle révolte des Saxons qui massacrèrent tout un corps de Thuringiens et de Frisons ; puis, une révolte en Lombardie, et une incursion musulmane dans le Midi du côté de Narbonne.

En 794, il marcha sur les Saxons qu'il déporta en Gaule et en divers cantons de la Germanie, et il établit en Saxe des colons francs et germains.

En 795, les Huns s'étant révoltés contre leurs chefs, un grand nombre se firent chrétiens ; leur forteresse royale fut prise avec tous leurs trésors qui furent envoyés à Karle. La forteresse fut rasée et l'empire des Huns détruit.

A cette époque, il bâtit la ville d'Aix, en Austrasie, autour de la chapelle et du palais qui existaient déjà.

Les forts occupés par les Arabes au nord des Pyrénées furent repris.

En 799, révolte des débris de peuplades huniques, bientôt comprimées.

Karle rétablit dans son siège le pape Léon, successeur d'Etienne, qui en avait été dépossédé par une sédition.

[59] C'est alors qu'il prit des mesures pour résister aux Hommes du Nord qui commençaient à paraître sur les côtes de l'Océan. Il eut un jour les yeux pleins de larmes en voyant passer rapidement les navires scandinaves.

« S'ils osent de mon vivant insulter ces ri-

« vages, dit-il, que ne feront-ils point après ma « mort. »

Et il fit construire des navires, afin de combattre les Normands aux embouchures des fleuves dont ils entreprenaient de remonter le cours.

[60] Le 25 décembre 800, dans la basilique de Saint-Pierre de Rome, Karle fut couronné Auguste et empereur des Romains. « Le pape se « prosterna devant lui et l'adora suivant la cou- « tume établie du temps des anciens empe- « reurs. »

En l'année 801, Barcelone fut reprise sur les Arabes, après un long siège, par Lodowig, fils de Karle.

En 803, nouvelle déportation des Saxons.

[61] En 806, Karle fit son testament; il partagea ses États d'une manière judicieuse. L'aîné, Karle, devait avoir la Gaule du nord, c'est-à-dire l'Austrasie et la Neustrie, ainsi que les vastes possessions des Franks en Germanie. Lodovig devait avoir le midi de la Gaule où les Franks ne s'étaient presque point répandus, et Peppin devait avoir l'Italie. Mais Peppin étant mort en 810, son fils Bernhard, fut établi roi d'Italie à sa place.

En 811, l'aîné, Karle, mourut à l'âge de trente-neuf ans, et Peppin le Bossu mourut aussi.

En 813, le vieil empereur s'efforça de réformer le clergé.

Avec le consentement des grands personnages assemblés, il transmit le titre d'empereur à son fils Lodowig.

Il mourut le 28 janvier 814, à l'âge de soixante-douze ans.

V

TRAITÉ DE VERDUN

LA FRANCE

[62] Lodowig, âgé de trente-cinq ans, succédait à son père : il était absolument inférieur à une si lourde tâche.

Inutile de dire les partages trop prématurés qu'il fit entre ses trois fils Lother, Peppin et Lodowig et qui ne furent pas maintenus.

En 817, il associa Lother à l'empire, et il le fit proclamer empereur.

Son neveu Bernhard, auquel il n'avait rien assuré dans le partage, se révolta en Italie ; mais voyant s'avancer l'armée de Lodowig, il vint se jeter à ses pieds. Lodowig, surnommé le Débonnaire, lui fit crever les yeux. Bernhard en mourut.

Sa femme étant morte, Lodowig avait épousé Judith, fille d'un comte bavarois. Elle eut en 822 un fils nommé Karle, qui fut ensuite surnommé le Chauve. Cette Judith, très belle et spirituelle, mais intrigante et ambitieuse, fut une cause de scandales et de troubles. Elle voulut que Lodowig fît un royaume au petit Karle, et l'empereur violant ainsi les partages qu'il avait établis précédemment, ses fils se révoltèrent.

Il fut plusieurs fois détrôné et rétabli comme empereur.

Lother fut son plus âpre persécuteur.

On vit partout des rébellions. Les incursions des Normands devinrent plus fréquentes.

En 838, Peppin était mort d'ivrognerie.

En 839, Lodowig le Débonnaire mourut à soixante-deux ans.

Ce règne d'un homme faible et incapable, sur le trône de Charlemagne, avait amené une prompte décadence de la monarchie franke. Après avoir jeté tant d'éclat pendant un siècle, la famille des Carlovingiens allait désormais s'affaisser comme avait fait la famille mérovingienne.

La mort du Débonnaire fut suivie d'une longue guerre entre ses fils pour le partage de l'empire. Lother fut vaincu par Karle et Lodowig dans une terrible bataille, le 25 juin 841, à Fontenailles, près d'Auxerre : toute l'élite des guerriers franks y périt.

Peu de jours auparavant, Rouen avait été pris et pillé par les pirates normands.

[63] Le 14 février 842, continuant la guerre contre Lother, les deux frères alliés se prêtèrent mutuellement serment de fidélité en présence de leurs armées.

Afin d'être compris des Germains que commandait Lodowig, Karle prêta le serment en langue tudesque; et afin d'être compris des Gallo-Franks et des Aquitains sous les ordres de Karle, Lodowig prêta le serment dans la langue romane qui commençait à se former et d'où devait sortir la langue française.

Voici le serment prêté par Lodowig :

« Pro deo amur, et pro christian poblo, et nostro commun salvamento, d'ist di en avant, in quant Deus savir et podir me dunat, si salvarai io cist meon fradre Karle, et in adjudha, et in cadhuna cosa, si cùm om per dreit son fradre salvar dist, in o quid il mi altresi fazet. Et ab Ludher nul plaid numquam prindrai, qui, meon vol, cist meon fradre Karle in damno sit ».

C'est-à-dire : « Pour l'amour de Dieu et pour le peuple chrétien et notre commun salut, de ce jour en avant, en tant que Dieu me donnera savoir et pouvoir, je sauverai (je défendrai) ce mien frère Karle, et en aide et en chaque chose, comme on doit par droit défendre son frère, pourvu qu'il fasse de même envers moi, et jamais avec Lother je n'accepterai de plaid qui, par ma volonté, soit dommageable à mon frère Karle. »

Un chef gallo-romain reprit au nom de tous : « Si Lodewigs sagrament que son frade Karlo jurat, conservat, et Karlus, meos sendra, de suo part non lo tanit, si io returnar non l'int pois, ne io ne neuls cui io returnar int pois in nulla adjudha contra Lodhuwig nun li fuer. C'est-à-dire : « Si Lodowig observe le serment qu'il jure à son frère Karle, et que Karle, mon seigneur, de son côté ne le tienne pas, si je ne l'y pais ramener, ni moi ni aucun autre que j'y puisse ramener ne lui serons aucunement en aide contre Lodewig. »

C'est le plus ancien monument que nous possédions sur la langue romane.

[64] Enfin la guerre entre les fils de Louis le Débonnaire se termina par le traité de Verdun, en août 843.

Lodewig (Louis le Germanique) eut l'Allemagne jusqu'aux Alpes et au Rhin.

Lother eut l'Italie avec toute l'étendue de terre gauloise limitée du côté de l'ouest, en partant de la Méditerranée, par le Rhône, la Saône les Ardennes et l'Escaut jusqu'à la mer : à l'exception toutefois de Worms, Spire Mayence situées sur la rive gauche du Rhin, que le roi d'Allemagne avait demandées avec leurs territoires, « afin d'avoir quelques vignobles dans son lot ».

Charles le Chauve eut tout ce qui était à l'ouest de cette bande de terre, c'est-à-dire l'Aquitaine et la plus grande partie de la Gaule qui commença bientôt à porter le nom de France.

Ainsi, malgré la supériorité du nombre des Gallo-Romains comparé au nombre des Franks, malgré la supériorité de leur intelligence et d leur civilisation, malgré qu'ils ne tardèrent pas à modifier les Franks dans le sens gaulois, de telle manière qu'après quelques siècles les uns et les autres présentaient un caractère national tout à fait différent du caractère germain.

Cependant, la victoire impose le nom des Franks, à toute la nation.

Le vaincu perd pour plus de mille ans son indépendance, et il perd jusqu'à son nom.

[65] Charles le Chauve fut souvent en lutte avec la grande aristocratie militaire. Chacun des trois frères ayant dû se résoudre à tous les sacrifices possibles afin d'obtenir le concours des comtes et des ducs, ceux-ci avaient profité de la lutte pour accroître leur autorité et transformer en dignité héréditaire leur office de chefs des cantons et des guerriers.

C'est de là que naquit la féodalité, où chaque baron devint maître absolu et seigneur de sa terre, sous la condition de se reconnaître vassal du roi et de l'assister à la guerre.

[66] A cette époque une nouvelle invasion de la Gaule se préparait aux pays Scandinaves. Ces hommes du Nord étaient de rudes guerriers et d'intrépides marins.

Payens, ils disaient par raillerie en parlant des chrétiens : « Nous irons leur chanter la messe des lances. » Et, selon leur expression, ils venaient par la route des cygnes, c'est-à-dire la mer.

En mars 845, les Danois remontèrent la Seine jusqu'à Paris, et ravagèrent la cité qu'ils pillèrent. Charles leur compta sept mille livres d'argent pour obtenir leur départ. Mais ce tribut ne fit qu'augmenter dans toute leur nation le désir de piller ces Gaules si riches qui ne savaient pas se défendre.

Ils se cantonnèrent dans la Charente et sur la Loire. Ils pénétrèrent dans Bordeaux qui fut livré par trahison.

Selon leur religion, pour obtenir l'entrée dans la Valhalla, qui était leur paradis, le sang de nombreuses victimes devait être offert aux divinités de la guerre. La férocité dont ils faisaient preuve après la victoire était donc chez eux une œuvre pie, tout comme le *Te Deum* chez les chrétiens.

La destruction des populations par leurs mains était absolue, complète : et le désert devenait tel qu'à Nantes, Allan, comte de Vannes, voulant prier dans la cathédrale après un combat heureux, il dut s'ouvrir un passage avec son épée à travers les ronces et les broussailles qui y croissaient librement.

On raconte aussi que le vieux Roll, au moment de la mort, pour être certain de se rendre favorable le maître des âmes quel qu'il fût, « fit dé-
« capiter cent prisonniers chrétiens en l'honneur
« de la Walhalla, et distribuer aux églises cent
« livres d'or en l'honneur du Dieu des chré-
« tiens ».

Ainsi que les guerriers germains, ils avaient des *konings*, c'est-à-dire des chefs auxquels ils étaient dévoués ; c'étaient les trop fameux rois de mer.

De même que les Gaulois, ils croyaient fermement à l'immortalité de l'âme. Ils bravaient la souffrance, méprisaient la volupté et craignaient par dessus tout la mort de vieillesse ou de maladie qu'ils appelaient la mort de paille. Mourir au combat ou dans la tempête leur paraissait seul digne d'eux.

[67] En 845, après avoir partagé ses Etats entre ses trois fils, l'empereur Lother abdiqua et se fit moine au couvent de Prum, dans les Ardennes.

L'aîné, Lodowig II, eut l'Italie avec le titre d'empereur.

Le second, Lother II, eut l'Austrasie qui fut dès lors appelée Lother-Rike, c'est-à-dire royaume de Lother (Loraine).

Le dernier des trois frères, Karle, eut la Provence, le duché de Lyon, la Franche-Comté, Genève et le Valais : ainsi fut formé le royaume de Provence.

(68) En 858, les Danois prirent l'abbé de Saint-Denis, petit-fils de Charlemagne, et ne l'échangèrent que contre une énorme rançon.

Leurs ravages devenant chaque année plus terribles, Charles le Chauve confia la défense des duchés entre Seine et Loire au comte Robert. Il était d'origine saxonne à ce que l'on croit ; pourtant, une colonie saxonne étant établie depuis plusieurs siècles dans le pays de Bayeux, le comte Robert, surnommé le Fort, venait peut-être de là.

Ce père des rois capétiens fut tué dans un combat contre les Normands et laissa deux jeunes fils, Eudes et Robert.

En 870, à la mort du roi de Loraine, Charles le Chauve fut mis en possession de ce royaume ; puis, il fut contraint de le partager avec son frère, Louis le Germanique.

L'empereur Lodowig II, fils de Lother, étant

mort, Charles le Chauve s'empressa de passer en Italie et fut couronné empereur à Rome le jour de Noël 875.

Fils d'une femme intelligente et instruite, Charles le Chauve aimait les lettres et les arts, mais il fut impuissant contre l'anarchie de cette société livrée à la force.

Il mourut empoisonné à l'âge de cinquante-quatre ans (octobre 877).

Louis le Bègue, le seul fils qu'il eût encore, lui succéda et mourut en 879, à trente-trois ans.

|69. Après lui, tous les rois ses successeurs meurent dans leur jeune âge. Les Danois insultent les Franks, les pillent, les grugent et les raillent. On ne reconnaît plus cette race si vaillante encore cinquante ans auparavant. Est-ce donc la valeur des chefs qui fait la vaillance des peuples ?

Sans doute, la valeur des chefs, la fermeté de leur esprit, ont une énorme part dans les succès militaires ; mais les familles frankes, en passant si rapidement de la barbarie et de la pauvreté à toutes les jouissances de la civilisation vaincue et de la richesse, y perdaient promptement leur énergie.

Les deux fils aînés du Bègue étant morts jeunes, ce fut Karle le Gros, roi de Germanie, descendant de Louis le Débonnaire, qui fut couronné empereur des peuples sur lesquels avait régné le Bègue.

[70] Après avoir pillé trois fois Paris depuis quarante ans, les hommes du Nord reparurent dans la Seine; mais la cité était fortifiée et en état de défense.

Le 25 novembre 885, ils entreprirent le siège.

Hugues, marquis d'Anjou; Gozlin, abbé de Saint-Germain-des-Prés, évêque de Paris, et Eudes, comte de Paris, fils de Robert le Fort, se mirent à la tête des habitants. La résistance fut héroïque. Le siège se prolongea jusqu'en juillet 886, et fut encore suivi d'un blocus de trois mois.

La ville de Paris qui commençait ainsi son illustration, repoussa toutes les attaques.

[71] Karle le Gros arrivant avec une nombreuse armée, les Parisiens se crurent près d'être vengés; mais ce roi, cet empereur, successeur et descendant de Charlemagne, au lieu de combattre préféra payer sept cents livres d'argent aux Danois, afin qu'ils allassent hiverner en Bourgogne, où ils commirent leurs ravages habituels.

Karle le Gros ne tarda pas à être détrôné, et l'empire frank disparut.

(72) Eudes, fils de Robert, fut proclamé : c'était le premier roi de la famille des ducs de France. Ils étaient les chefs d'une province que l'on a nommée Ile-de-France, parce qu'elle est entourée par l'Aisne, l'Oise, la Seine, la Marne et l'Ourcq. C'est à cette île, dont Paris était la capitale, que devaient plus tard être réunies toutes les parties de la Gaule.

Beaucoup de seigneurs franks s'étant soulevés pour appeler au trône un dernier fils de Louis le Bègue, Eudes fit un accord avec eux. Il mourut à la fin de 897, recommandant aux grands de proclamer ce fils du Bègue, qui régna sous le nom de Charles le Simple.

73 En 911, Charles le Simple donna sa fille en mariage au fameux Roll (Rollon), chef des Normands, et lui concéda les domaines de la basse Seine, de l'Eure et du Calvados, sous la condition de se reconnaître son vassal et de se faire chrétien.

Les Normands, qui déjà possédaient Rouen et beaucoup d'autres lieux, s'établirent dans ce pays et y montrèrent bientôt une aptitude pour la civilisation qui transforma promptement cette contrée, si longtemps ravagée et presque déserte, en l'un des États les plus riches de la Gaule.

74 Ici, il nous faut cesser cette analyse sommaire des principaux événements accomplis jus-

qu'au IXe siècle, dans les Gaules ou par ses peuples.

Nous voudrions, ne fût-ce qu'en peu de mots, rappeler la chevalerie, héroïquement éprise des dames non moins que des combats, et vouée à la défense des opprimés; la conquête de l'Angleterre par les Normands (1066); les Croisades, nées de l'énergique inspiration d'un seul homme, un petit moine, Pierre L'Hermite (1095); les guerres des Anglais et Jeanne d'Arc, la bergère victorieuse brûlée à Rouen (1431), à vingt-deux ans.

Et la Jacquerie (1358), révolte effrayante du peuple opprimé contre ses vainqueurs; et le travail soutenu, l'économie du pauvre *Jacques Bonhomme* [1] réparant incessamment les destructions et les rapines.

Et tant d'autres émouvants tableaux, tant d'autres héros, et tant d'autres vertus avec tant de crimes.

Et le rôle immense des femmes dans ce pays, où elles ont fait beaucoup de bien pour l'urbanité, la politesse et les arts, et où elles ont fait souvent beaucoup de mal dans la politique et le gouvernement des hommes.

Mais l'heure nous presse; comme le voyageur à l'approche de l'orage regrette de ne

[1] C'est sous ce nom que les vieux fabliaux désignaient souvent le peuple de France, laborieux et opprimé.

pouvoir contempler les monuments qu'il voit à l'horizon et se hâte, nous aussi nous devons marcher rapidement vers notre but.

[75] Par sa situation près des confluents de l'Oise et de la Marne, avec la Seine conduisant à la mer, Paris avait toujours été un centre remarquable. En des temps où les routes étaient rares, ces rivières permettaient des communications faciles et un commerce actif sur une grande étendue de pays. Bien avant César, les nautonniers gaulois y formaient déjà une association puissante et riche.

Et lorsque, en 885, dans un temps de guerres continuelles, cette cité eut montré que le courage de ses habitants et ses deux larges fossés naturels en assuraient la défense, Paris devint un foyer national qui devait grandir de siècle en siècle.

La nation qui se formait autour de Paris, c'était la France, et elle tendit incessamment à reconstruire l'unité des Gaules.

[76] Les parties de la Gaule attribuées à Lother par le traité de Verdun, devinrent pour chaque siècle le sujet de guerres presque continuelles.

Pendant la féodalité, les rois de France avaient bâti (1204) sur le bord septentrional de la Seine, en vue de Paris, une grande forteresse, le Louvre, dont nos contemporains ont pu voir naguère les premières assises encore intactes dans la cour actuelle du Louvre, où elles sont indiquées dans le pavage par des lignes noires et blanches.

C'est de la grosse tour du Louvre que relevaient les grands fiefs de France.

Les rois, eux-mêmes, ne furent d'abord que les premiers parmi les grands seigneurs; mais leur effort constant et naturel tendit à accroître les domaines de la couronne, et à réduire le nombre des grands fiefs ainsi que leur puissance.

Ils furent servis dans cette vaste et longue entreprise par les guerres et les mariages, et aussi par l'extinction des grandes familles. La confiscation des fiefs ne fut pas très rare.

Ils y furent aidés par les peuples qui préféraient la domination lointaine du Louvre à la tyrannie immédiate des grands.

Ces quelques lignes résument une partie importante de l'histoire de France.

Nous devons nous borner ici à énumérer les rattachements successifs des provinces, avec leurs dates.

[77] *Artois.* Capitale Arras, réuni à la France par Philippe-Auguste en 1180; donné en apanage par saint Louis à Robert, son frère puiné, en 1237; porté successivement par héritage dans plusieurs

familles, et passé à la maison d'Autriche par le mariage de Marie de Bourgogne, fille unique de Charles le Téméraire, avec Maximilien (1477); restitué à la France sous Louis XIV par le traité de Nimègue, en 1678.

Normandie. Confisquée en 1203 par Philippe-Auguste sur Jean sans Terre, qui venait d'assassiner l'héritier légitime, Arthur, son neveu.

Maine. Confisqué sur Jean sans Terre et réuni à la France par Philippe-Auguste, en 1203. Donné en apanage par saint Louis avec l'Anjou à son frère Charles; réuni de nouveau par Louis XI et, après d'autres séparations, réuni définitivement en 1584.

[78] *Limousin*. Partie de l'Aquitaine. Éléonore de Guyenne par son mariage à l'âge de quinze ans avec Louis VII, roi de France, lui apporta en dot de nombreuses et riches provinces. Elle le suivit même à la deuxième croisade (1047), mais son extrême légèreté irrita le roi qui demanda et obtint le divorce (1152). Peu après, Éléonore épousa Henri Plantagenet, comte d'Anjou, qui fut roi d'Angleterre sous le nom de Henri II; elle porta ainsi à l'Anglais ses magnifiques domaines.

Le Limousin fut conquis par Philippe-Auguste en 1263; rendu aux Anglais par saint Louis, réuni enfin à la France par Charles V, en 1369.

Poitou. Appartenait aux Wisigoths dans le ve siècle, puis aux Franks dans le vi^e; passa, par le mariage d'Éléonore, à l'Anglais.

Reconquis, en 1205, par Philippe-Auguste; repris ensuite par les Anglais; recouvré définitivement par Charles V, en 1369.

Touraine. Conquise par Philippe-Auguste, en 1203, sur les Plantagenets, rois d'Angleterre; donnée plusieurs fois en apanage à divers princes par les rois de France. Réunie définitivement, sous Henri III, par la mort de son frère, François, duc d'Alençon.

Languedoc. Cédé au roi de France Louis VIII, par Amaury, comte de Montfort (vers 1224); donné en apanage par saint Louis à son frère Alphonse, mort sans enfants. Réuni enfin, en 1271, sous Philippe le Hardi.

Champagne. Réunie en 1284, par le mariage de Jeanne de Navarre avec Philippe le Bel. Réunion officiellement prononcée en 1361.

[79] *Navarre.* Ancien royaume; réuni d'abord par le mariage de l'héritière Jeanne Ire avec Philippe le Bel (1284). Puis, en 1328, séparé de la France par l'effet de la loi salique qui ne permettait pas à sa petite-fille de régner sur les Français, mais qui lui laissait le royaume de Navarre.

Réuni enfin définitivement par Henri IV, roi

de Navarre, parvenu au trône de France en 1589.

Lyonnais. Réuni par Philippe le Bel en 1307.

[80] *Dauphiné*. Cédé à la couronne de France, en 1343, par l'héritier de ce fief, à la condition que le fils aîné du roi portât le titre de Dauphin.

Saintonge. Province d'Aquitaine, passa aux Anglais par le mariage d'Éléonore de Guyenne avec Henri Plantagenet. Fut réunie à la France par Charles V, en 1375.

Guyenne. Acquise aux Anglais par le mariage d'Éléonore avec Henri II; reprise sur eux sous Charles VII, en 1453.

Gascogne. Acquise aux Anglais par le mariage d'Éléonore avec Henri II; reprise sur eux sous Charles VII, en 1453.

Roussillon. Acheté par Louis XI en 1462; cédé à l'Aragon par Charles VIII, en 1493; reconquis sous Louis XIII, en 1662.

Picardie. Réunie à la France en 1463, sous Louis XI.

Anjou. Domaine des Plantagenets, comtes d'Anjou, devenus rois d'Angleterre. Réuni à la France par Philippe-Auguste; devint l'apanage d'une nouvelle maison d'Anjou. Réuni à la France sous Louis XI, héritier du dernier comte d'Anjou.

[81] *Bourgogne*. C'était un fief mâle, c'est-à-

dire qu'il ne pouvait être possédé que par des hommes. Il fit donc retour à la couronne de France par la mort de Charles le Téméraire, qui ne laissait qu'une fille, Marie de Bourgogne.

Provence. Faisait partie au XIe siècle, du royaume d'Arles qui dura peu. Passa à la seconde maison d'Anjou qui régna en Sicile. Fut réunie par Charles VII, en 1486.

Bourbonnais. Confisqué, en 1523, par François Ier sur Charles de Bourbon, connétable de France, illustre, mais traître.

La Marche. Capitale Guéret. Acquise par la couronne et cédée plusieurs fois. Confisquée sur le connétable de Bourbon, en 1523.

Bretagne. Réunie à la couronne en 1532, par le mariage de Claude de France avec François Ier. Claude était fille d'Anne, duchesse de Bretagne, et de Louis XII. Anne de Bretagne avait d'abord épousé le roi Charles VIII, mort sans enfants, et auquel succédait Louis XII, son cousin.

Berry. Vers 1100, Arpin, vicomte de Bourges, partant pour la croisade, vendit ce fief à Philippe Ier, roi de France ; depuis lors le Berry fut donné en apanage à des princes et des princesses de la maison royale. Après la mort de Louise, veuve de Henri III, le Berry fut définitivement réuni à la France.

Auvergne. Réunie à la couronne par Louis XIII, en 1610.

82] *Alsace*. Réunie à la France en 1648 par Louis XIV. Strasbourg ne fut réunie qu'après la paix de Nimègue, en 1678.

Lorraine. Sujet de guerres prolongées entre la France et l'Autriche. La Lorraine fut occupée par nous, mais non définitivement conquise, de 1661 à 1697. Plus tard, et à la suite d'un accord avec l'Autriche, la Lorraine fut cédée à Stanislas Leczinski, roi de Pologne, détrôné, et dont la fille, Marie Leczinska, était femme de Louis XV (1725). A la mort de Stanislas, en 1766, la Lorraine fut réunie à la France.

Flandre. Avec Lille, Douai, etc., cédée à la France victorieuse, par le traité de Nimègue (1678).

Franche-Comté. Conquise en 1668, rendue presque aussitôt, reconquise en 1674, et réunie à la France par le traité de Nimègue.

VII

LA RÉVOLUTION

POÉSIE

[83] La Révolution...

Trop souvent on rappelle surtout les efforts sanglants où elle fut contrainte pour se défendre.

Les générations actuelles n'ont plus aucune idée de ce que fut *l'ancien régime*.

Le règne de Louis XIV couvre encore de son éclat la honteuse décadence de la monarchie au siècle dernier.

On a oublié le spectacle d'une démoralisation abominable à la cour de Louis XV, la misère des campagnes, les abus partout, la loi et la justice variant d'une province à l'autre, les supplices barbares, la noblesse, le clergé ne payant rien, le peuple travailleur payant tout, les impôts affermés à des financiers qui usaient de moyens atroces pour exploiter leur privilège.

La Révolution...

Cent pages seraient nécessaires pour exposer simplement le sommaire des causes nombreuses et lointaines qui la préparèrent.

Nous devons noter seulement la cause immédiate qui la fit éclater.

[84] A la fin du siècle dernier, la monarchie française était absolument obérée, les guerres et surtout les prodigalités les plus insensées avaient épuisé toutes les ressources; il fallut recourir à la nation.

Les États généraux composés des trois ordres distincts qui existaient alors, la noblesse, le clergé et le tiers-état furent convoqués en 1789.

Les députés du tiers-état étaient prêts à voter toutes les sommes nécessaires au gouvernement, ainsi qu'une large liste civile au roi, mais on voulait qu'à l'avenir les dépenses fussent réglées ainsi que les recettes, afin que le gouvernement et le roi ne retombassent point en cette détresse.

Or, la cour voulait obtenir les ressources, mais elle n'admettait pas le contrôle; elle le fit voir dès les premiers jours.

L'Assemblée des députés du peuple décida qu'elle ne se séparerait qu'après avoir donné une constitution à la France; elle prit le titre d'Assemblée nationale constituante, et elle résolut de rechercher, discuter et décréter les *droits de l'homme* : elle proclama que **le but de la société est le bonheur commun.**

Définition et règlement des droits !...

Ainsi se suivait, dans la Révolution française, la lointaine filiation de Rome [19].

Et dans ces jours fameux, les peuples de France abattaient enfin la domination politique et militaire de la féodalité, issue principalement de la conquête franque.

Pour parvenir à cet affranchissement, il avait fallu douze siècles.

[85] La noblesse émigra presque tout entière. La Prusse et l'Autriche armèrent, dans l'intention évidente d'empêcher l'œuvre que l'Assemblée nationale avait entreprise.

L'Assemblée avait déclaré que tous les citoyens étaient également admissibles aux emplois publics ; les soldats, naturellement, étaient favorables à ces principes nouveaux, mais les nobles, possesseurs des grades militaires par droit de naissance, ne pouvaient souffrir que les simples gens de mérite eussent, avec eux, part au commandement ; ils se retiraient de l'armée.

En avril 1792, la cour d'Autriche prétendit exiger le rétablissement de la monarchie française, telle qu'elle était avant la Révolution.

Un cri général lui répondit en France.

Et, ne voulant pas prendre l'initiative d'une

déclaration de guerre, le gouvernement annonça que la France se trouvait en état de guerre avec l'Autriche.

D'ailleurs, la Prusse hâtait ses armements, la cour de France conspirait avec l'étranger.

[86] A cette guerre des rois contre la France, la tribune et la presse répondirent en menaçant de susciter une guerre de peuples contre les rois.

C'était bon comme moyen de défense, mais c'était politiquement une erreur.

Les peuples ne sont pas tous également mûrs pour se gouverner eux-mêmes ; la plupart n'en paraissent pas éprouver le besoin ; et les difficultés qu'aujourd'hui encore, après un siècle de préparation, nous rencontrons pour fonder rationnellement la forme républicaine en France, le prouvent surabondamment.

Cette erreur semble aujourd'hui reconnue. Il n'est pas beaucoup d'hommes politiques dans notre pays qui songent à une telle propagande.

[87] En juillet 1792, cinquante mille Prussiens marchent sur la France ; la Patrie est déclarée en danger.

Manifeste du duc de Brunswick, général prussien, annonçant l'intention de rétablir l'ancien régime en France :

« Les soldats (français) doivent se soumettre

exclusivement au roi, ils ne doivent tenir aucun compte des décisions de l'Assemblée des représentants du peuple...

« Les gardes nationaux doivent maintenir l'ordre en attendant les alliés...

« Quiconque tirera sur les troupes alliées sera puni sur le champ, militairement, et les maisons brûlées... »

Dans ce dernier paragraphe, voilà bien le procédé appliqué, en 1870, par les Allemands, à Bazeilles.

(88) Cent trente-huit mille hommes, parfaitement organisés, menaçaient notre patrie qui ne pouvait opposer que cent vingt mille hommes, presque sans officiers.

En septembre, chaque jour Paris envoyait quinze cents ou deux mille volontaires ; ils s'organisaient derrière l'armée et entraient bientôt en ligne.

20 septembre. Bataille de Valmy, gagnée par ces *savetiers*, ces *tailleurs* qui, au dire des nobles émigrés, composaient l'armée française.

En octobre, le général français, Custine, prend Spire, Worms et Mayence.

La Savoie se réunit volontairement à la France.

6 novembre. Victoire de Jemmapes, l'armée française entre à Mons, puis le 14, à Bruxelles.

[89] Il y eut ensuite des revers ; en août, le territoire était envahi par le Nord, le Rhin, les Alpes, les Pyrénées. Plusieurs de nos villes fortes étaient prises.

La Vendée, Toulon, Lyon étaient soulevés.

Tous les braves cœurs s'unirent. Des clercs de notaire devinrent colonels et généraux, de vieux nobles, patriotes, s'enrôlèrent comme simples soldats. Un vieux général, Dagobert, âgé de soixante-quinze ans, battit l'ennemi au pied des Pyrénées.

Des commandants d'armée, accusés de faiblesse, furent envoyés à l'échafaud.

[90] En mai 1794, la France avait mis sur pied un million deux cent mille hommes qui manquaient de solde et de souliers, mais qui se battaient bien.

En Flandre, de nouvelles levées remportaient un avantage signalé sur l'ennemi.

Le 16 juin, victoire de Fleurus.

En septembre 1794, nous avions repris nos places fortes perdues précédemment, et nous étions maîtres de la Belgique jusqu'à la Meuse et Anvers.

En octobre, l'armée française occupait toute la rive gauche du Rhin.

Le 28 décembre, l'armée passe la Meuse sur la glace.

20 janvier 1795, nous entrons dans Amsterdam. Les vaisseaux de guerre hollandais, que la glace rend immobiles, sont attaqués par des escadrons de cavalerie et d'artillerie à cheval : ils sont contraints de se rendre.

La Hollande est organisée en République alliée de la France.

La paix est signée avec la Prusse, le 5 avril 1795.

La ville de Luxembourg se rend par famine.

Enfin, par le traité de Campo-Formio, en 1797, avec l'acquiescement des puissances vaincues, la République française demeure maîtresse de la rive gauche du Rhin, qui forme la frontière naturelle de la Gaule.

[91] Un jeune homme de trente ans, le général Bonaparte, s'était illustré à la tête des armées de la République, en Italie et en Égypte.

Avec la complicité des soldats, il fit le coup d'État du 18 brumaire, an VIII (9 novembre 1799) ; il changea la Constitution et se fit consul d'abord pour dix ans et ensuite à vie. Bientôt, il abolit les libertés publiques et se fit proclamer empereur sous le nom de Napoléon.

Il triompha de l'Allemagne sur vingt champs de bataille.

Il abattit la puissance de la Prusse, à Iéna, en peu de jours ; il envahit l'Espagne ; il abusa de la victoire ; il abusa de la guerre. Vainqueur en Russie, il y perdit son immense armée dans les neiges.

[92] La plus inconcevable, parmi ses fautes, la plus choquante fut la création d'un royaume pour son frère Jérôme, en Westphalie, c'est-à-dire au cœur même de la vieille Germanie.

Après deux mille ans de guerres, et lorsque les origines, les caractères sont si distincts, la Gaule ne doit pas plus dominer en Allemagne que l'Allemagne ne doit dominer dans la Gaule.

Contre l'Allemagne entière soulevée, Napoléon livra, dans les champs de Leipzig, un combat de plusieurs jours que les Allemands appellent la bataille des nations, et où il perdit l'ascendant de la victoire.

Cependant l'Europe lui offrait la paix et lui proposait encore de traiter en prenant pour base le maintien des limites naturelles de la France, c'est-à-dire, la frontière du Rhin.

Il refusa.

[93] Refoulé en France, il gagna encore des batailles, Montmirail, Champaubert, Arcis-sur-Aube : mais pendant cette lutte mémorable, il apprit l'entrée des alliés dans Paris, et il dut abdiquer à Fontainebleau.

Et la France, victime de ce fatal génie, la

France vaincue, perdit toutes les conquêtes de la République.

Cependant, par ce traité de 1814, elle conservait les frontières qu'elle avait sous Louis XVI au moment de la Révolution.

[94] Confiné dans l'île d'Elbe, située dans la Méditerranée entre la Corse et l'Italie, Napoléon revint l'année suivante; il débarqua avec peu de monde et fut ramené aux Tuileries par les troupes qu'on avait envoyées contre lui.

Il perdit tout à Waterloo, et après ce nouveau règne de Cent jours, il se livra à l'Angleterre et fut relégué par elle sur le rocher de Sainte-Hélène.

Et la France perdit une partie des frontières qu'elle possédait sous Louis XVI. C'était un premier démembrement ; on lui enlevait des sommes immenses et des forteresses de premier ordre qu'elle dut démolir.

[95] Dans notre récit, ces passages subits d'une époque à une autre, ces mentions de deux lignes pour des événements immenses, doivent irriter le lecteur.

Il désire qu'on lui en dise davantage; on nomme les croisades : il veut davantage: on nomme la Révolution : il veut plus ; on nomme Napoléon : ce n'est pas assez, il veut tout, il a raison.

Mais ici on ne fait point l'histoire de notre pays, on fait l'histoire d'une question seule, et l'on enregistre seulement ce qui peut la faire bien comprendre.

[96] Après 1815, la restauration des Bourbons avait une tâche difficile.

En ses commencements néanmoins, sous Louis XVIII, elle put y suffire. Or, au lieu d'accepter franchement le régime nouveau qu'elle-même avait consenti, et qui lui faisait encore une grande situation, elle entreprit de combattre le parti constitutionnel; et, sous Charles X, elle se mit follement en dehors de la constitution, sans même s'être préparée à la lutte armée.

La Révolution de 1830 chassa les Bourbons aînés et mit sur le trône Louis-Philippe d'Orléans, cousin du roi, qui se disait le vrai représentant de la Révolution de 1789.

Plusieurs révolutions éclatèrent aussitôt après la nôtre. La Belgique se sépara brusquement de la Hollande et offrit de se réunir à la France. Louis-Philippe refusa.

La Belgique demanda au moins un fils du roi pour régner à Bruxelles. Louis-Philippe refusa encore.

Il rejetait ainsi l'œuvre nationale de la monarchie, qui fut de travailler à réunir tout le territoire des Gaules à la France.

Après dix-huit ans de ce règne, la France fut lasse d'un gouvernement opposé à toute réforme.

Et c'est au cri de : « Vive la Réforme ! » qu'en février 1848, il tomba en trois jours, de même que Charles X était tombé en trois jours au cri de : « Vive la Charte. »

[97] Le peuple français gardait au cœur, alors, un ressentiment profond des défaites de 1814 et de 1815, et surtout des traités qui avaient consacré l'écroulement de sa puissance. Les vétérans de nos guerres réchauffaient ces idées au fond des campagnes. Les poètes, les orateurs, la peinture et le théâtre, rappelaient chaque jour le nom de Napoléon au bruit des applaudissements. Les monuments s'illustraient de ses victoires et de son imposante image.

Le 10 décembre 1848, un neveu de Napoléon fut élu Président de la République.

Aussitôt on le vit résolu à reprendre la couronne de son oncle ; et par un Coup d'Etat militaire, le 2 décembre 1851, il y réussit comme son oncle.

[98] La France était alors la première puissance militaire de l'Europe ; elle allait le prouver en Crimée et en Italie.

Si, dès son entrée aux Tuileries, le nouvel

empereur avait laissé entrevoir que son oncle nous ayant fait perdre notre frontière du Rhin, il lui appartenait de vouloir la ressaisir, que c'était là sa mission historique et sa raison d'être, qui peut dire ce qui serait arrivé?

Trompé, mystifié par un politique autrement habile que lui, Napoléon III a comblé les vœux de la Prusse, d'abord en lui laissant abattre l'Autriche et la Confédération germanique à Sadowa, puis en déclarant la guerre à la nouvelle puissance allemande sans avoir préparé des forces suffisantes, et sans laisser le temps nécessaire à l'entrée en scène d'une grande alliance.

Et la France a perdu l'Alsace, la Lorraine avec sa suprématie militaire : elle a abandonné des milliards à l'Allemagne, elle a signé à Francfort un traité ruineux, et elle n'a pas vu s'écouler une année depuis lors sans être menacée d'une nouvelle guerre par le vainqueur.

[99] Aimez-vous la poésie?

Les Allemands ont de très grands poètes qui composent des chants pour les jeunes garçons.

Nous aussi nous avons de grands poètes, mais ils n'écrivent guère pour les jeunes garçons; ils ont tort.

Il est juste que vous connaissiez un peu ces poésies qu'on enseigne avec soin aux jeunes garçons allemands.

Arndt, grand poète, dit aux jeunes garçons :

« Sois pieux et brave, quant au Français mau-
« dit, laisse-lui l'assassinat. »

Parce que, selon ce grand poète, les Français sont des assassins.

Il dit ensuite :

« O mon Allemagne, je partirai et par la balle
« ou le sabre je ferai couler le sang français. »

Un autre poète, Koerner, chante ceci :

« Enfin, nous allons pouvoir causer avec vous,
« Français, et vous dire deux mots en allemand.
« Vous avez vraiment trop bavardé jusqu'ici ;
« vous avez dit trop de choses absurdes, fausses,
« infâmes. Mais aujourd'hui nous allons régler
« tous les anciens comptes, ô race de fourbes et
« de menteurs, et les régler avec des coups. »

Celui-là, vous le voyez, n'aime pas les discours, et il abomine tout ce que la libre tribune française enseigne au monde depuis un siècle.

Le grand poète Simrock à son tour crie :

« Pas de quartier. Si votre épée se brise en
« frappant les Français, étranglez-les sans
« remords. »

Un autre chante avec enthousiasme :

« Bondissez comme une mer sans rivages sur
« les Français. Tous les champs tous les lieux,

« faites-les blanchir avec leurs ossements. Ceux
« que les vautours et les renards auront épar-
« gnés, jetez-les aux poissons. Arrêtez le cours du
« Rhin en construisant des digues avec leurs
« cadavres. Assommez-les : le jugement de l'his-
« toire ne vous demandera pas pourquoi. »

A l'entendre notre nation est si coupable qu'on peut et qu'on doit nous exterminer sans plus d'explication.

Enfin un autre poète chante son beau rêve :

« Là-bas, dit-il, là-bas, loin dans l'ouest, nous
« nous te voyons briller, ô Paris, ville éclatante.
« Tous les cœurs ont battu d'un même désir de
« te posséder. Nous voulons t'avoir, Paris ;
« Paris, nous t'aurons. »

Tout cela s'enseigne dans les écoles.

De leur côté, les écrivains, les professeurs enseignent les principes selon lesquels la France doit être dépecée par suite de leur prochaine victoire.

Et, à l'appui de ces principes de haute philosophie, ils publient des cartes géographiques où tous les voisins ayant attrapé leur part de cette riche proie, la France n'est plus rien.

VIII

CONCLUSION

[100] Un grand nombre de motifs poussent l'humanité à former de vastes agglomérations politiques et militaires.

Il est inutile de combattre cette tendance qui apparaît comme résultant d'une loi naturelle à laquelle il faut satisfaire et qui, après avoir châtié par mille maux les résistances, tôt ou tard se fera obéir.

Sur quels principes rationnels doivent être fondées ces grandes agglomérations ?

On a proposé de prendre pour règles les différences des races humaines ; or, dans notre Europe, les invasions superposées depuis trois mille ans, les conquêtes et les guerres ont tellement mélangé les races qu'il est impossible de leur reconnaître des limites géographiques précises.

Puis, on a proposé de considérer comme légitime la réunion de tous les peuples qui parlent une même langue.

Cette base n'est pas beaucoup plus sûre, car il ne serait point difficile de montrer des populations parlant une même langue quoique ayant des intérêts aussi différents que leur origine.

Et il existe des populations parlant des langues différentes quoique ayant des intérêts étroitement liés : par exemple, la Suisse, où l'on parle allemand, français, italien, et où l'intérêt commun, capital, c'est la neutralité qui assure la paix et la liberté, c'est-à-dire les deux plus grands biens de l'humanité.

La paix et la liberté !

La liberté, chaque peuple l'entend à sa manière : c'est son affaire, à laquelle nul n'a rien à voir, pourvu que ce ne soit pas la liberté d'envahir, de piller ses voisins, et de leur ravir l'indépendance.

Quant à la paix, elle est dans toutes les langues synonyme de bonheur : mais souvent ce bonheur ne peut être conquis que par les armes.

[101] Comment donc chaque agglomération de peuples pourra-t-elle le mieux s'assurer la paix et l'indépendance ?

Evidemment par de bonnes frontières, c'est-à-dire des limites territoriales difficiles à franchir, faciles à défendre, comme les mers, les montagnes, les grands fleuves.

Telle est l'idée rationnelle, fondamentale, en vertu de laquelle doivent être déterminées les limites, c'est-à-dire les frontières des grandes agglomérations humaines.

Si l'on examine une carte d'Europe, on voit du premier coup d'œil que trois des grandes agglomérations sont limitées clairement.

L'Espagne avec le Portugal, péninsule entourée de mers et fermée par les Pyrénées.

L'Italie, péninsule entourée de mers et fermée par les Alpes.

La Gaule, entourée par des mers, des montagnes, et limitée par un grand fleuve : le Rhin.

Il est très remarquable qu'après avoir été divisés plus ou moins pendant de longs siècles, les peuples habitant ces trois contrées ont fini par atteindre l'unité ou s'en approcher beaucoup. C'est la démonstration de cette loi dont nous parlions plus haut.

Aujourd'hui, le plus bel usage de la sagesse des peuples serait de s'organiser selon cette loi par des conventions amicales et sans violences ; mais, pratiquement, il paraît n'y avoir qu'un moyen d'obtenir ces conventions, c'est la guerre.

Heureusement, dans les guerres de ce siècle, la loi dont nous parlons intervient comme une puissance invisible. C'est la Bellone moderne qui, tôt ou tard, assure le triomphe de ceux qui combattent pour elle.

[102] M. Thiers, parlant de la coalition qui se forma, en 1792, contre la première République française, dit :

« Jamais, à aucune époque, on ne vit l'Europe « être saisie d'un pareil aveuglement, et com- « mettre autant de fautes contre elle-même. »

Cette remarque est tout aussi juste, tout aussi applicable aujourd'hui.

L'Europe entière s'écrase de dépenses militaires ; pourquoi ?

Parce qu'elle a laissé commettre une iniquité, c'est-à-dire la conquête de l'Alsace et de la Lorraine qui voulaient rester françaises, et dont la destinée évidente, inévitable, est d'être unies à l'agglomération gauloise.

Si, au lendemain de Sedan, l'Europe, non pas même l'Europe, un seul peuple, tel que l'Angleterre, avait dit : « Ne faites pas cela, parce qu'il en résulterait tôt ou tard de nouvelles guerres plus terribles : prenez à la France de l'argent, beaucoup d'argent, elle paiera ; mais ne prenez point de provinces qu'elle regagnera, c'est sûr, et qu'en tout cas, vous ne pourrez garder qu'au prix de sacrifices immenses », l'Allemagne peut-être se serait arrêtée.

Aujourd'hui, toute la contribution de guerre

serait payée depuis longtemps par nous; et puisque, même en l'état actuel des choses, nous ne désirons pas la guerre, certes nous la voudrions encore moins si l'Alsace et la Lorraine nous étaient restées. Nous serions entièrement occupés de nos réformes intérieures, nous n'aurions pas dépensé tant de milliards pour nous armer, et l'Europe n'aurait pas été mise par l'Allemagne dans la nécessité de se ruiner.

En effet, ce n'est pas contre l'Europe que nous armons, mais bien pour notre défense; et c'est l'Allemagne qui, voyant le relèvement et l'énorme force de notre puissance militaire, augmente chaque jour son appareil guerrier et oblige ses alliés à faire comme elle.

Si les sommes colossales que dévore cette universelle préparation à la guerre avaient été laissées dans la circulation productive pour l'industrie et l'instruction des peuples, quelle ne serait pas aujourd'hui la prospérité de tout notre occident, Allemands compris?

[103] Nous sommes prêts à combattre, mais nous ne désirons point la guerre.

Notre République ne peut être portée à la guerre, les masses populaires ont une répugnance naturelle à ce grand sacrifice sanglant; et, dans un pays où le peuple est souverain et dispose de tout par le suffrage universel, le maintien de la paix est la formule première de sa politique.

Vouée aux agitations fécondes de la liberté, dirigée surtout vers la recherche des meilleures conditions sociales, la République ne peut être favorable à une crise qui pendant toute sa durée détourne de ces recherches et anéantit la liberté.

Et si notre nation a fait et poursuit de si grands efforts afin de développer une puissance militaire sans exemple jusqu'à ce jour, c'est surtout parce l'Allemagne, en 1875, a voulu nous attaquer de nouveau. L'Europe entière le sait, et il est nécessaire que les enfants de notre pays eux-mêmes le sachent.

[104] L'Europe expie l'imprévoyance, l'insuffisance politique dont elle a fait preuve à l'heure de nos désastres, en 1870; et son châtiment n'est pas terminé.

Quant à l'Allemagne, elle avait atteint l'unité politique; c'était un superbe prix de ses victoires; avec cela, notre argent lui devait suffire. Demander plus, c'était montrer que le vieux esprit de rapine barbare est toujours son principal mobile.

En ceci, elle recommence la grande faute de Napoléon.

Sa domination sur un point quelconque de la Gaule n'est pas plus légitime que la domination de la Gaule sur un point quelconque de l'Allemagne.

[105] L'Allemagne a conclu des traités en vertu desquels elle obtiendra le concours de l'Autriche et de l'Italie contre nous lorsqu'il lui plaira.

A la vérité, il est difficile de croire que l'Autriche, dépouillée de sa situation en Allemagne par la Prusse, soit pour elle une alliée bien chaude ; il est difficile de croire que l'antique maison impériale de Habsbourg ne soit pas profondément blessée par la fortune et l'attitude hautaine de ces Hohenzollern, dont les ancêtres, il y a deux siècles, n'étaient que de simples ducs au bord de la Baltique ; il est difficile de croire que les princes d'Autriche ne cachent pas au fond du cœur un secret désir d'assister à l'humiliation de la Prusse.

Pour l'Italie, c'est autre chose. Les uns, dans ce pays, ont une peur effroyable de l'Allemagne, et ils lui obéissent ; les autres ont une grosse envie que l'Allemagne victorieuse leur jette une dépouille de la France ; et, sans songer que l'Allemagne alors ne manquerait pas de leur demander des compensations en Lombardie, tous ne voyant rien à gagner avec la France, persuadés d'ailleurs qu'ils n'ont rien à en craindre, on peut croire qu'ils saisiraient l'occasion contre elle de grand appétit.

Ces étonnants politiques italiens oublient qu'aux jours de nos désastres, en 1870, les écrivains allemands jetèrent ce cri, comme un rappel des temps barbares : « Il faut que le monde germanique se lève et que le monde roman périsse ! »

Le monde roman, le monde latin, c'est-à-dire la France, l'Italie et l'Espagne avec le Portugal.

Ah, quand donc le monde roman comprendra-t-il la nécessité d'une alliance défensive des quatre-vingt-dix millions d'habitants des peuples latins, contre les quarante-sept millions d'habitants de l'Allemagne.

[106] Nous devons nous conduire comme si la guerre était inévitable et nous devons éviter cependant qu'on puisse nous accuser de l'avoir fait éclater.

Déjà plusieurs fois, à notre frontière, des provocations et des meurtres ont eu pour but d'amener chez nous l'explosion de colères longtemps contenues.

Nous sommes restés l'arme au bras, mais sur les rives de la Moselle et de la Meuse une fatalité plane, la guerre éclatera.

[107] On répand sans cesse dans notre pays des craintes très exagérées de l'Allemagne, ceux-là mêmes qui criaient si fort : *A Berlin !* en 1870, affectent aujourd'hui la plus grande appréhension de la guerre.

Ce sont surtout les ennemis de la démocratie qui affectent de trembler au seul nom de l'Allemagne, parce qu'ils craignent que la victoire ne donne à la République une force inébranlable et ne fasse évanouir leurs fantômes monarchiques, — nul doute cependant qu'au jour du grand combat, ils feraient vaillamment leur devoir.

Nous ne sommes plus en 1870.

Alors, la grande masse de la nation ignorait le maniement des armes. Il était défendu d'avoir chez soi une arme de guerre, défendu d'en étudier le tir ailleurs qu'à l'armée. Alors, il n'y avait pas, en France, un tir public à 200 mètres. Nous n'en sommes plus là.

Nous avons autant et même plus de combattants que l'Allemagne, parce que notre population de trente-huit millions ayant moins d'enfants que l'Allemagne, la proportion des hommes faits est plus grande chez nous.

En effet, on peut admettre que dans chaque feu, c'est-à-dire chaque ménage, il existe, chez eux comme chez nous, un homme jeune ou grisonnant, parmi lesquels sont pris ceux qui doivent porter les armes.

Or, le chiffre actuel de quarante-sept millions d'Allemands divisé par 4,7, qui est à très peu près la moyenne d'un feu dans leur pays, donne environ dix millions d'hommes.

Et le chiffre actuel de nos trente-huit millions

de Français, divisé par 3,5, qui est la moyenne d'un feu chez nous donne environ dix millions huit cent mille hommes.

Mais, en outre, comme l'émigration annuelle de la population virile en Allemagne est très considérable, tandis qu'elle est beaucoup moindre chez nous, comme d'un autre côté nous pouvons tirer d'Algérie des légions d'excellents soldats, il est certain que notre réserve d'hommes en état de combattre est au moins égale à celle de l'Allemagne [1].

Pas un soldat Allemand aujourd'hui sous ses drapeaux n'a pris part à la victoire contre la France; pas un soldat français actuellement sous nos drapeaux n'a été vaincu par l'Allemand. De chaque côté, les anciens combattants de 1870 sont sortis des armées actives.

C'est donc une partie nouvelle que nous jouerons avec autant de soldats qu'eux, beaucoup plus d'argent, et de meilleures armes que les leurs.

[108] Les ennemis de la République vont criant que l'armée française est désorganisée. Ils en frémissent, disent-ils.

[1] La gravité de ce fait inaperçu, et que j'ai exposé en 1887 à la tribune de la Chambre, paraît avoir poussé aussitôt l'Allemagne à prolonger de cinq ans la durée du service militaire territorial: mais nous avons fait de même, et elle n'y aura rien gagné.

Mais le peuple français qui la connaît puisqu'il y passe tout entier et qui l'aime, sait bien quelle force militaire immense recèle ce pays, et il attend le signal avec confiance.

Nous savons que l'on se propose de nous démembrer, de nous arracher notre indépendance et nos richesses. C'est une guerre sans merci, une guerre de pillage et de destruction que l'on veut nous faire, on le crie sans cesse, leur haine proclame chaque jour que nous sommes l'*ennemi héréditaire*.

Nous sommes donc dans la nécessité absolue de vaincre, et il faudrait de nombreuses batailles, une guerre acharnée et longue pour nous réduire.

N'avoir pas d'autre ressource que la victoire, c'est une bonne condition pour vaincre.

Au contraire, les Allemands n'ont pas à craindre que nous cherchions à leur enlever des richesses qu'ils n'ont guère, ni à démembrer et opprimer de l'autre côté du Rhin leur empire dont nous ne voudrions pas même un lambeau.

Il est donc certain qu'après quelques défaites qui les auraient frappés dans les Gaules, la paix serait conclue.

De plus, nous aurons l'avantage de combattre pour une cause juste qui est l'affranchissement de nos concitoyens d'Alsace et de Loraine, indignement traités par l'Allemagne ; nous aurons enfin l'avantage de combattre pour l'accomplissement de la loi naturelle et le droit des Gaules à l'indépendance.

Enfin, si les républiques sont peu portées à la guerre, elles se montrent terribles lorsqu'on les y force, parce que la liberté est un ressort incomparable au cœur du soldat.

[109] Dans la vie, il importe extrêmement à tout homme d'avoir un but et de le distinguer clairement.

Dans le monde, cela n'importe pas moins à une nation.

En France, le peuple ne peut ignorer les questions où sa destinée est en jeu et sur lesquelles, étant souverain, il pourra être appelé un jour à donner son suffrage.

A l'égal des rois, nos jeunes concitoyens doivent y être initiés de bonne heure.

Celle qui nous occupe ici, par ses origines, par sa longue histoire et par les événements qui peuvent s'y rattacher encore est l'une des plus graves.

Reprenons-en les termes.

Avant César, tous les peuples de la Gaule formaient de libres confédérations qui durent souvent repousser les incursions des peuplades sauvages, avides et pillardes qui habitaient la rive droite du Rhin.

En suite de la conquête accomplie par César, la Gaule fut l'une des parties les plus importantes de l'empire romain. Elle dut être défendue constamment contre les incursions et les pillages des peuples de l'Allemagne.

Nous avons vu que plusieurs siècles après l'invasion générale des barbares et la conquête franque, vingt-neuf ans après la mort de Charlemagne, en 843, la Gaule fut partagée entre Charles le Chauve, qui en eut la plus grande partie avec le titre de roi, et Lothaire qui eut le reste de la Gaule avec l'Italie et le titre d'empereur. Leur frère, Louis le Germanique, eut la Germanie avec le titre de roi.

Nous avons dit que, dans la suite des siècles, la monarchie française fit de grands efforts pour rattacher successivement à sa couronne les parties de la Gaule abandonnées en 843 à Lothaire.

Notre nation dut combattre presque constamment l'Allemagne, soit parce que ses princes détenaient ou convoitaient des provinces de l'ancienne Gaule, soit parce qu'ils se trouvaient alliés à nos ennemis quels qu'ils fussent.

Nous avons dit qu'enfin la République française, en 1795, réunit toute la Gaule jusqu'au Rhin.

La Hollande forma d'abord la République batave, alliée à la France ; en 1806, elle fut érigée en royaume par Napoléon pour son frère Louis ;

en 1810, elle fut réunie à l'Empire français et forma sept départements (bouches de la Meuse, bouches de l'Yssel, Ems occidental, Ems oriental, Frise, Yssel supérieur, Zuyderzée).

La Belgique forma neuf départements (Dyle, Escaut, Forets, Jemmapes, Lys, Meuse-Inférieure, Deux-Nethes, Ourthe, Sambre-et-Meuse).

La province rhénane, sur la rive gauche du fleuve, forma plusieurs départements (Sarre, Rhin et Moselle, Roer, Mont-Tonnerre, etc.).

Tous ces pays furent gouvernés et administrés selon les lois françaises, jusqu'en 1814.

Après la chute de Napoléon ils furent séparés de la France, mais ils conservèrent notre Code civil et les principales formes de notre administration.

(110) En récompense des sacrifices que nous devons faire pour maintenir notre indépendance, quel doit être désormais l'objet poursuivi par le peuple français?

But idéal de la patience et du temps, ou prix de la victoire, que devons-nous vouloir?

Nous devons rétablir le droit primitif des Gaules, c'est-à-dire l'indépendance de tous les peuples qui y existent, et leur affranchissement de toute domination étrangère à la Gaule.

Nous ne devons point désirer unir de nouveau toutes ces contrées à la France. La séparation de plusieurs d'entre elles dure depuis 1814; il s'y est produit des changements tels que nous y trouverions des difficultés nombreuses.

D'ailleurs, par les souffrances de l'Alsace-Lorraine, par les efforts que cette iniquité impose à l'Allemagne et à toute l'Europe, nous voyons les fruits de la conquête.

Nous n'imiterons pas cette iniquité.

[111] Si nous sommes vainqueurs, la Belgique et la Hollande doivent continuer à se gouverner selon leur libre volonté.

L'Alsace et la Lorraine seront rétablies sous notre drapeau.

Quant aux provinces rhénanes de la rive gauche, elles devraient former un autre État distinct, indépendant. Et tous ces États, compris dans le territoire des Gaules, formeraient avec la France une vaste confédération ayant pour but commun d'affranchir la Gaule de toute domination étrangère.

Tant que l'Allemagne aura une forteresse, une guérite de ce côté du Rhin, son instinct et sa tradition vingt fois séculaires, la pousseront à envahir les Gaules, les piller et les conquérir.

Mais la Confédération des Gaules remise en possession de toutes les forteresses bâties autrefois par les Romains pour la défendre [21], réunissant toutes les conditions de la richesse et de la force, n'aura plus rien à réclamer de l'Allemagne; les guerres du Rhin qui depuis tant de siècles ont troublé l'Europe seront terminées: et un désarmement général deviendra possible.

[112] Ce grand but absolument pacifique, assigné à notre nation, pourrait être atteint en paix par des négociations, si la raison seule gouvernait le monde.

En attendant, tout citoyen, dans notre pays, doit se préparer à la guerre dès son jeune âge.

Nous l'avons dit ailleurs [19] la recherche du droit indépendant de la force fut et reste la plus grande gloire du peuple romain.

La proclamation du droit de l'homme dans le sens le plus large et universel, fut l'œuvre principale de la Révolution française [84].

Aujourd'hui, la recherche du droit social le meilleur, le plus rationnel est chez nous, français du XIXe siècle, l'œuvre nationale poursuivie à travers mille obstacles.

En Allemagne, l'idéal c'est la force.

Déjà Pomponius Mela, géographe romain, disait d'eux, il y a dix-huit cents ans : *jus viribus habent*, « ils placent le droit dans la force ».

Oui, la vérité finit par triompher de l'erreur, la justice peut aussi parvenir à occuper une place honorable dans l'histoire, mais, enfants de ce siècle, soyez persuadés qu'il n'y a en ce siècle aucun droit meilleur que la force.

Et cet état funeste, cet opprobre du monde ne finira que le jour où la France aura rejeté l'Allemagne hors des Gaules, car c'est l'Allemagne qui de tout temps a divinisé la force [52] et qui contraint aujourd'hui tous les peuples à chercher la force sans souci de la justice. C'est elle qui, par le scandale de sa domination en Alsace-Lorraine, prouve audacieusement que la force chez elle est sans scrupules, et que dans toute l'Europe, quiconque n'est pas fort peut être sa proie et sa victime.

Soyez donc forts et hâtez-vous.

Le poids des armes et du harnois de guerre exige une force et des habitudes viriles.

L'emploi des troupes exige l'habitude de la marche.

Les hasards de la guerre, les difficultés du terrain nécessitent chez le soldat une agilité, une habileté musculaire qui ne peuvent s'acquérir que par l'exercice.

Cette étude spéciale qui développe la force et l'agilité, c'est la gymnastique.

D'ailleurs, la gymnastique empêche le développement excessif de la graisse.

[113] Chez plusieurs peuples de l'antiquité, la graisse était considérée comme le signe d'une

gloutonnerie ou d'une indolence également condamnables, ils la taxaient d'infamie.

Notre époque est plus clémente, et l'on regarde aujourd'hui les bons vivants sans colère ; toutefois on ne doit pas oublier que la graisse entrave le jeu des muscles et qu'elle constitue un poids nuisible.

Que penserait l'homme auquel on imposerait l'obligation de porter sans cesse sur lui, jour et nuit, seulement un poids de dix livres ?

Il s'écrierait que c'est une tyrannie et que l'on entrave sa liberté.

Or, ce n'est point dix livres, mais quarante, cinquante livres et souvent plus que l'homme gras porte partout sur lui.

La fatigue que lui impose cette surcharge diminue sa force, sa mobilité, augmente le besoin du sommeil et raccourcit ainsi la durée de ses jours.

[114] Le fantassin, pour sa facilité à vivre et à passer partout, par les masses qu'il forme, et enfin par son arme qui est la plus efficace dans les armées actuelles, le fantassin est le principal soldat.

D'ailleurs, lorsque le cavalier a perdu son cheval, lorsque l'artilleur a perdu ses canons et ses chevaux, ils ne sont plus que des fantassins ; chacun doit donc s'instruire dans l'art du tir.

Tout homme capable de franchir un fossé de

deux mètres avec ses armes, d'escalader un mur et de faire dix lieues pendant plusieurs jours de suite est un soldat redoutable, fût-il seul, en franc-tireur.

Croyez qu'un peuple envahi ne doit pas se proposer seulement de vaincre l'envahisseur, mais bien de le détruire.

Ne vous laissez pas dire qu'une et même plusieurs batailles perdues, sur la Meuse ou en Champagne, nous livreraient à la merci du vainqueur.

Le franc-tireur, le partisan est l'adversaire le plus à craindre pour l'envahisseur, l'histoire le prouve.

Lisez, dans les histoires, comment au XVIe siècle les Provençaux, après avoir tout détruit de leurs propres mains dans le pays, et conduit femmes, enfants et bétail, au fond des bois ou sur les montagnes, firent une guerre de partisans à la grande armée de Charles-Quint. Et sans batailles, rien que par la guerre de destruction des francs-tireurs, réduisirent de plus de moitié l'armée ennemie et la contraignirent à évacuer la Provence.

Lisez comment les guérillas espagnols, véritables francs-tireurs commandés par des muletiers et des curés, portèrent les premiers coups à la puissance de Napoléon alors dominateur de l'Europe.

Quant au droit qui vous appartient de faire cette guerre, lisez ce qui suit :

« Le combat auquel tu es appelé sanctifie tous « les moyens, les plus terribles sont les meil- « leurs, non seulement tu harcèleras continuel- « lement l'ennemi, mais tu détruiras et anéan- « tiras les soldats isolés ou en troupes, tu feras « main-basse sur les maraudeurs... »

Ce petit morceau se trouve dans une proclamation adressée aux Prussiens par leur roi en 1815. Appliquez donc aux Allemands leurs propres maximes.

[115] La plupart des Français vont au combat volontiers en chantant et en acclamant la France ; d'autres, saisis de fureur, raillent l'ennemi et défient la mort ; plusieurs, à l'approche de grands périls, contemplent une dernière fois une image, une lettre, un ruban.

S'il en est qui prient, respectons leur sentiment, laissons chacun puiser aux sources qu'il croit pures, des forces que le pain et la viande ne donnent pas toujours.

[116] Sachez que le courage n'est point la vertu la plus haute.

Le dévouement est plus puissant encore; et ce n'est pas chez l'homme qu'il se manifeste de la manière la plus constante, la plus touchante.

Combien d'enfants, combien de malades et de

blessés, le dévouement des femmes ne sauve-t-il pas chaque jour ?

Et même parmi ceux qui ont atteint les hauteurs de la puissance et de la gloire, combien ont dû leurs succès, leur salut au dévouement d'une femme qui a soutenu leur marche longtemps difficile et souvent douloureuse.

En ceci, elles nous sont habituellement supérieures.

Mais à la guerre, dans tous les grands dangers cette vertu reparaît chez l'homme, c'est la ressource suprême.

Combien de troupes se sont sacrifiées à l'avant-garde pour commencer une attaque, à l'arrière-garde pour protéger une retraite, sur les ailes pour arrêter un mouvement tournant de l'ennemi.

Et sur la grande mer, voyez le matelot se dévouant pour sauver le navire, voyez le capitaine se dévouant pour sauver l'équipage.

Exercez votre cœur.

Dans les incendies, les inondations, les épidémies, courez au péril.

D'ailleurs, à la guerre et partout, l'extrême audace est souvent comme un bouclier miraculeux contre la mort.

De notre temps, il y a peu de place, peu de prise pour les grands caractères, mais des jours propices pourront bientôt revenir.

Travaillez donc au bonheur commun, qui est le but de la société, selon la Révolution française.

Préparez l'indépendance des Gaules, sans laquelle nulle paix durable ne saurait être assurée au monde.

[117] Ce petit livre, où j'ai cherché à motiver solidement et à répandre des opinions que je soutiens depuis plus de vingt ans, était écrit depuis longtemps; divers motifs en ont retardé la publication jusqu'à ce jour.

Je terminerai par une réflexion :

Les races fécondes et guerrières des peuples d'Asie au front étroit, aux petits yeux, au teint livide, ennemies de notre civilisation ne sont pas éteintes.

Dans un avenir qui n'est peut-être pas très éloigné, l'Europe pourra revoir ces innombrables multitudes qui l'épouvantèrent et la ravagèrent depuis le temps d'Attila jusqu'à Charlemagne.

Alors, l'Europe comprendra trop tard, comme toujours, que la guerre générale à laquelle elle se préparait à la fin du XIXe siècle n'était, au point de vue le plus large et le plus vrai, qu'une immense guerre civile.

25 février 1890.

TABLE

—

ÉVREUX, IMPRIMERIE DE CHARLES HÉRISSEY

www.ingramcontent.com/pod-product-compliance
Ingram Content Group UK Ltd.
Pitfield, Milton Keynes, MK11 3LW, UK
UKHW020312180726
13839UKWH00001B/446